Berta C. Schreckeneder

PROJEKTE MANAGEN

Top-Tools für starke Teams

FINANCIAL TIMES
DEUTSCHLAND

FINANCIAL TIMES PRENTICE HALL

München • Amsterdam • Hong Kong • Kapstadt
London • Madrid • New York • Paris • San Francisco
Singapur • Sydney • Tokio • Toronto

Inhalt

4 Einführung

6 Achtung Zeitdruck!

8 Das Problem

10 Grundlagen des Projektmanagements
Projektwürdigkeit • Externe Berater
EDV-Einsatz • Schriftlicher Projektauftrag

16 Das Projektteam
Auswahl des Teams

22 Der Projektstart
Projektziele • Projektrisiken • Zeitliche Abgrenzung
Soziale Abgrenzung • Projekt-Kontextanalyse
Sachliche Kontextanalyse • Soziale Kontextanalyse • Zeitliche Kontextanalyse

38 Projektstart-Workshop
Workshop mit Moderator • Projekthandbuch

43 Projektstrukturplan
Arbeitspakete • Projektstrukturplan im Team
Ablaufplan

Termine und andere Planungsinstrumente 57
Termine • Meilensteinplan • Balkenplan
Ressourcen • Kosten • Projektinformation
Projektsitzungen • Qualität

Projektrealisierung 72
Controlling • Projektleitung • Kommunikationstipps • Konfliktlösung • Konfliktleitfaden

Projektabschluss 88
Abnahme Ihrer Leistung

Wenn Sie nur einen halben Tag Zeit haben 91

Wenn Sie nur eine Stunde Zeit haben 93

Einführung

Sicherlich haben Sie das auch schon erlebt? Sie kommen morgens ins Büro, setzen sich an Ihren Schreibtisch und planen Ihren Arbeitstag. Schön, denken Sie, heute haben Sie endlich einmal Zeit, Liegengebliebenes aufzuarbeiten. Denken Sie – bis Ihr Vorgesetzter kommt und Ihnen ein neues Projekt übergibt: »Unser wichtigster Kunde, Herr Müller, will, dass wir dieses Vorhaben umsetzen. Leider ist der Termin sehr knapp, aber Sie bekommen das schon hin!« Mit diesen Worten überreicht Ihnen Ihr Vorgesetzter einige Unterlagen und entschwindet wieder. Nun liegt der Auftrag also auf Ihrem Schreibtisch. »Sie bekommen das schon hin!« Diese Worte klingen Ihnen im Ohr, während langsam Panik in Ihnen aufsteigt. Aber keine Sorge!

Projekte erfolgreich zu planen und zu leiten ist eine komplexe Aufgabe. Dieses Buch bietet Ihnen für den Notfall eine kurze und übersichtliche Einführung in die Grundlagen des Projektmanagements. Eine gründliche und strukturierte Planung ist die Basis für eine reibungslose Abwicklung eines Projektes und kann schon im Vorfeld einige Probleme aus dem Weg räumen. Also tief durchatmen, und los geht's!

Um diese Herausforderung zu bestehen und dabei vor Ihrem Chef und dem Kunden zu brillieren, brauchen Sie

▶ **Tipps** für eine schnellstmögliche Vorbereitung,

- ▶ **Shortcuts**, damit Sie überflüssige Arbeit vermeiden,
- ▶ **Checklisten**, die Sie auch in letzter Minute noch durchgehen können.

Sollten Sie in Ihrer weiteren Karriere Projekte leiten, dann lohnt sich eine Ausbildung. Nach der Lektüre dieses Buches sind Sie für erste Erfolge gewappnet und werden Ihre Kompetenzen als Führungskraft ausbauen können. Aus Gründen der Lesbarkeit verwende ich die männliche Form und meine definitiv damit auch Frauen.

x-presso

Dieses Buch zeigt Ihnen Schritt für Schritt, wie Sie Ihr Projekt erfolgreich abschließen:

- ▶ Stecken Sie den Rahmen eines Auftrages genau ab, planen Sie die damit verbundenen Arbeitsprozesse, bestimmen Sie die notwendigen Ressourcen und kalkulieren Sie die Kosten.
- ▶ Wichtigster Bestandteil ist das Team. Sie finden Tipps, wie Sie eine ausgewogene und effiziente Mannschaft zusammenstellen und welche Aufgaben Ihre Rolle als Projektleiter umfasst.
- ▶ Methoden und Instrumente helfen Ihnen, Ziele festzulegen (Inhalt, Zeit, Kosten) und die Umsetzung immer im Auge zu behalten: vom Projektstart-Workshop über das Handbuch bis zum Projektstrukturplan.
- ▶ Ganz wichtig: Wo lauern Gefahren?

Bauen Sie Ihre Kompetenz als Führungskraft aus

Achtung Zeitdruck!

Morgen Nachmittag schon will Ihr Chef mit Ihnen das weitere Vorgehen bei Ihrem neuen Projekt festlegen, denn wie immer drängen die Termine. Gleichzeitig sind Sie noch mit drei weiteren Projekten betraut. Sie fragen sich, wie Sie alles parallel organisieren können, ohne die Details aus dem Auge zu verlieren.

Sie erinnern sich an Ihre letzte Herausforderung: Die Mitarbeiter für das Team wurden vom Vorgesetzten bestimmt. Alle starteten sofort mit betriebsamer Hektik – leider in verschiedene Richtungen! Niemand nahm sich die Zeit für eine klare Definition der Ziele und Nicht-Ziele. So kam es im Verlauf zu zahlreichen Überraschungen – nicht nur für Sie als Projektleiter. Nur mit viel Improvisation und Verhandlungsgeschick konnten Sie das Projekt abschließen – allerdings mit Verspätung und höheren Kosten. Zum Glück handelte es sich um einen Kunden, der Verständnis zeigte. Dennoch war er verärgert, dass er zu spät über die Probleme informiert wurde. Kennen Sie das? Es hilft nichts – da müssen Sie durch.

Entspannen Sie sich, denn Nervosität hilft Ihnen bei diesen Terminproblemen nicht weiter. Mit einem Lächeln geht es allemal leichter. Nutzen Sie den Abend zu Hause für die Lektüre dieses Buches. Um die wichtigsten Inhalte zu markieren, nehmen Sie einen farbigen Stift zur Hand. Für das ganze Buch brauchen Sie etwa zweieinhalb Stunden. Der Teil bis zum Projektstrukturplan, den Sie für das morgige Gespräch unbedingt benötigen, nimmt höchstens eineinhalb Stunden in Anspruch.

Definieren Sie Ziele und Nicht-Ziele

Das Problem

Sie haben also ein Problem: einen neuen Auftrag, zu dem Sie schon morgen möglichst fundiert Stellung beziehen müssen. Aber ist das wirklich ein Problem? Heute heißen Probleme üblicherweise Herausforderung oder Chance. Das ist eine gute Einstellung, um die Aufgabe anzugehen.

Termindruck gehört zum alltäglichen Geschäft. Da ergeht es allen Führungskräften ähnlich. Stellen Sie sich folgendes Beispiel vor: Ein Projektleiter bekommt von seiner Vorgesetzten den Auftrag eines sehr wichtigen Kunden übertragen: 30 leitende Angestellte des Auftraggebers sollen innerhalb von 24 Monaten eine Führungsausbildung mit Einzelcoaching durchlaufen. Insgesamt steht dabei ein Budget von 563 000 Euro zur Verfügung. Ziel ist es, das Unternehmen international wettbewerbsfähig zu halten. Bis morgen Abend soll ein grober Planungsentwurf vorliegen.

Oder denken Sie an ein anderes Beispiel. Eine Personalentwicklerin wird mit einem Projekt betraut, in dem es um die interne Verbesserung einer Abteilung geht. Die einzelnen Mitarbeiter sollen mehr Verständnis für Kundenwünsche und eine klare Palette an Dienstleistungen entwickeln. Der Vorstand hat dies unternehmensweit unter den Begriffen Kundenmanagement und Qualitätsmanagement angekündigt. Innerhalb von einem Tag sollen dem Vorstand nun erste Überlegungen zur Umsetzung präsentiert werden.

Beide Beispiele beschreiben die gleiche Herausforderung, vor der auch Sie stehen! In kurzer Zeit

Erkennen Sie Ihr Problem als Chance

sollen Sie einiges vorbereiten. Sie haben einen Tag Zeit, um Grobziele und wesentliche Rahmenbedingungen zu formulieren. Erwartet wird sicherlich Folgendes: eine erste Konzeption und Ideen zur Realisierung des Projekts, womöglich auch ein Vorschlag für das Team (falls Ihr interner Auftraggeber dazu noch nichts gesagt hat). Für den ersten Termin – morgen um 17.00 Uhr – lesen Sie in jedem Fall bis zum Kapitel der Projektdurchführung.

Grundlagen des Projektmanagements

Projektmanagement heißt nicht nur, Aufgaben und Aufträge zu erledigen, sondern weitaus mehr. Es ist die Gesamtheit von Führungsaufgaben, -organisation, -techniken und -mitteln für die Abwicklung eines Projektes.

Deshalb sollte sich jede Führungskraft mit Grundlagen (unter anderem Ziele, Normen und Richtlinien) und Methoden (beispielsweise Strukturierung, Ablauf- und Terminmanagement) auskennen.

Durch den zentralen Stellenwert von Teamarbeit spielt soziale Kompetenz eine entscheidende Rolle: Kommuniktion, Motivation, Führung, Konfliktlösung, Netzwerke.

Aber auch Themen wie Qualitätsmanagement und Customer-Relation-Management spielen in die Anlage und Durchführung von Projekten hinein.

Sie können folgende Aufgaben unterscheiden:

- Abgrenzung und Kontextanalyse (etwa Zieldefinition und Umweltanalyse),
- Gliederung und Strukturierung (etwa Strukturplan und Ablaufplan),
- Organisation (etwa Team und Kompetenzregelung),
- Steuerung (etwa Termine, Ressourcen, Kostenplanung und Controlling).

Ein Projekt ist nach der DIN 69901 ein Vorhaben, das im Wesentlichen durch Einmaligkeit der Bedingungen in Ihrer Gesamtheit gekennzeichnet ist, wie beispielsweise

- ▶ Zielvorgabe,
- ▶ zeitliche, finanzielle, personelle oder andere Begrenzungen,
- ▶ Abgrenzung gegenüber anderen Vorhaben sowie dessen
- ▶ projektspezifische Organisation.

Projekte können nach bestimmten Kriterien unterschieden werden, wie beispielsweise:

- ▶ nach den inhaltlichen Zielen (Investitions-, Forschungs-, Entwicklungs-, Marketing- und Organisationsprojekte),
- ▶ nach den Branchen (Pharmaindustrie, Baugewerbe, EDV),
- ▶ nach dem Grad der Reflexivität – bezogen auf Veränderungen im Unternehmen, die durch das Projekt ausgelöst werden (externes oder internes Projekt),
- ▶ nach dem Grad der Konkretisierung (Konzeptions- und beziehungsweise oder Realisierungsprojekt),
- ▶ nach dem Wiederholungsgrad (einmalige und wiederkehrende Projekte).

Führen Sie sich zur Verdeutlichung nochmals das Beispiel Kunden- und Qualitätsmanagement der Personalentwicklerin vor Augen: Die Entwicklung von mehr Verständnis für Kundenwünsche und

Machen Sie sich mit den Grundlagen vertraut

einer klaren Palette an Dienstleistungen in einer Abteilung ist ein internes Organisationsprojekt. Zu Projektbeginn gibt es unklare Vorgaben hinsichtlich Kosten, Zeit, Inhalt und die verantwortlichen Personen im Projekt.

Projektwürdigkeit

Klären Sie im ersten Schritt, ob Ihr Auftrag ein Projekt ist. Dies wird als Prüfung der Projektwürdigkeit bezeichnet. Haben Sie ein Projekt vor sich, setzen Sie Projektmanagement-Methoden ein, und bauen Sie eine entsprechende Projektorganisation auf.

Projektorientierte Unternehmen haben eine eigene Definition, was in ihrem Unternehmen ein Projekt ist und was nicht. Aus der oben angeführten DIN 69901 lässt sich das nicht immer ausreichend feststellen.

Zur Prüfung der Projektwürdigkeit eines Auftrages können verschiedene Bewertungsschemen, wie beispielsweise eine Nutzwertanalyse eingesetzt werden. Darin werden Inhalt, Dauer, Bedeutung, Komplexität, Risiko und Kosten des Auftrages gewichtet und bewertet.

Sollte Ihre Aufgabenstellung nicht als Projekt gesehen werden, können Sie natürlich dennoch Projektmanagement-Methoden anwenden, Sie können es als ein »projektähnliches Vorhaben« bezeichnen.

Die Firmen verfügen zumeist auch über Projektmanagement-Richtlinien bzw. vorgegebene Standards für die Umsetzung. Wenn der Rahmen nicht zu eng gesteckt ist, dann haben Sie den Freiraum für einen optimalen Einsatz von Tools. Gibt es in

Ihrem Unternehmen keine Standards, so regen Sie an, diese einzuführen.

Für das nächste Mal

Prüfen Sie, ob Ihr Auftrag ein Projekt ist. Verschaffen Sie sich dann Klarheit, ob es sich um einen Konzeptions- oder einen Realisierungsauftrag handelt. Informieren Sie sich über bereits in Ihrer Firma vorliegende Projektmanagement-Standards, und verwenden Sie dann die Vorlagen bei Ihrer Planung.
Bedenken Sie: Projektmanagement-Tools sind dazu da, Ihre Arbeit zu unterstützen. Entscheiden Sie daher selbst, welche Mittel für die Bearbeitung nützlich sind.

Externe Berater

Bei vielen Projekten können sich externe Berater als sinnvoll erweisen. Bei der Planung sollten Sie die Aufgabenstellung von externen als auch von internen Beratern genau abstimmen. Mögliche Rollen externer oder interner Berater:

▶ Ein Prozessbegleiter unterstützt Ihre Projektmanagement-Prozesse.
▶ Ein Projektmanagement-Trainer und -Berater vermittelt dem Team die Grundlagen des Projektmanagements im Rahmen Ihres konkreten Projektes.
▶ Falls es noch keinen Projektleiter gibt oder das nötige Know-how in der Startphase nicht da ist, kann die Position vorübergehend von einem Außenstehenden ausgefüllt werden.

Ist Ihr Auftrag ein Projekt?

- ▶ Ein Coach reflektiert mit Ihnen zusammen Ihre Entscheidungen und Aktionen als Projektleiter.
- ▶ Ein Team-Coach unterstützt Teamprozesse.
- ▶ Controller überprüfen die Ausführung des Projekt-Controllings.
- ▶ Ein Fachexperte bringt sein Wissen zu konkreten Inhalten in das Team ein.

Die Auswahl von geeigneten Beratern gestaltet sich oft schwierig, da Ausbildung und Referenzen nicht ausreichend über die Qualität der Arbeit Auskunft geben. Empfehlenswert ist daher, zu Beginn keine langfristigen Verträge abzuschließen. Es braucht Zeit, um die Qualität der Beratung einschätzen zu können.

EDV-Einsatz

Der Einsatz von EDV-Tools ist erst dann hilfreich, wenn Sie den »Weg zu Fuß«, beispielsweise den Aufbau eines Strukturplans nach erfolgter Abgrenzung und Kontextanalyse, kennen. Lassen Sie sich beim Kauf einer entsprechenden Software beraten.

Schriftlicher Projektauftrag

Holen Sie möglichst früh einen schriftlichen Projektauftrag (Auftragsformular) ein. Dazu brauchen Sie auf Basis Ihrer oder vorhandener Teamarbeit die Klarheit und Abstimmung, ob Sie das Projekt durchführen sollen (Nutzen wiegt Kosten auf) und können (technische Machbarkeit). Folgende Punkte muss der Auftrag beinhalten:

- ▶ die Beschreibung der Ausgangslage,

- das Grobziel,
- das Vorgehen und die Rahmenbedingungen, wie etwa Sicherheits- und Wirtschaftlichkeitsanforderungen,
- Projektleiter und Auftraggeber.

Sollte es in Ihrer Firma kein Projekt-Auftragsformular geben: Setzen Sie selbst ein Schriftstück mit den oben angeführten Punkten auf, und legen Sie dies Ihrem Projekt-Auftraggeber zur Unterschrift vor. Im Laufe der Arbeit können sich die Bedürfnisse und Wünsche des Kunden verändern. Es ist dann notwendig, den Auftrag anzupassen! Vergessen Sie dabei auch nicht, dass Änderungen von beiden Seiten unterzeichnet werden müssen.

Wie wird in Ihrem Unternehmen ein Projekt definiert?

Für das nächste Mal

Projektmanagement ist die Gesamtheit von Führungsaufgaben, -organisation, -techniken und -mitteln für die Abwicklung eines Projektes. Projekte können als Aufgabe mit verschiedenen Merkmalen, wie ein klares Ziel, (zeitlich) abgrenzbar, komplex, dynamisch, riskant und neuartig (repetitiv), beschrieben werden.

Klären Sie in Ihrem Unternehmen, wie bei Ihnen ein Projekt definiert wird und welche Projektmanagement-Standards gelten. Gibt es keine entsprechenden Unterlagen und Aussagen, dann unternehmen Sie die ersten Schritte. Nutzen Sie dazu die Unterstützung von kompetenten Projektmanagement-Beratern. Diese Berater können auch in Ihrem Projekt unterschiedliche Rollen, etwa als Coach oder Experte, übernehmen.

Das Projektteam

Ihr Auftrag ist also ein Projekt. Nun brauchen Sie auch eine Projektorganisation, unter anderem ein Projektteam mit einem Projektleiter. Der Freiheitsgrad des Projektleiters lässt sich aus der Einbettung des Projektes in das Unternehmen ableiten. Unterscheiden Sie dazu:

- ▶ Reine Projektorganisation (das heißt die Entscheidungskompetenzen – wer, was, um wie viel, wann, wie, wie gut – liegen beim Projektleiter),
- ▶ der Einflussprojektorganisation oder Projektkoordination (das heißt die Entscheidungskompetenzen sind bei den Linienvorgesetzten der Projektteammitglieder, der Projektleiter hat keine Weisungsbefugnis, lediglich beratende Funktion) und
- ▶ Matrixprojektorganisation (das heißt die Kompetenzen sind zwischen Linienvorgesetzten und Projektleiter aufgeteilt).

Projektarbeit ist Teamarbeit. Ein Team ist allgemein definiert als

- ▶ eine Gruppe von Mitarbeitern,
- ▶ die sich für eine gemeinsame Sache, für gemeinsame Leistungsziele engagieren,
- ▶ die entsprechend ihrer Interessen und Stärken arbeiten,
- ▶ deren Fähigkeiten einander ergänzen und
- ▶ an deren Spitze ein starker Leiter steht.

Auswahl des Teams

Bevor Sie mit der Zusammenstellung beginnen, sollten Sie die Anforderungen an die Teammitglieder festlegen. Bei sich wiederholenden Projekten können Sie auf Wissen innerhalb des Unternehmens zurückgreifen. Bei neuen benötigen Sie als Grundlage eine genauere Projektdefinition. Unterscheiden Sie in der Personalauswahl zwischen persönlichen Daten (Ausbildung, Erfahrung und Fertigkeiten) und den sachbezogenen (Anforderungen im konkreten Fall).

Auch wenn Sie nicht persönlich für die Auswahl zuständig sind, können Sie sich in Gesprächen einen Überblick über die Kompetenzen und Persönlichkeiten der Mitarbeiter verschaffen, um sie gezielt einzusetzen: In Ihrem Team brauchen Sie:

▶ Fachkompetenz: Wer hat das fachliche Knowhow und entsprechende Berufserfahrung?
▶ Sozialkompetenz: Wer kann das Team zusammenhalten? Wer hat die Fähigkeit zum Führen und Geführtwerden, zur Selbstkritik, die Fähigkeit zur Konfliktlösung, die Interessen und Leistungen anderer anzuerkennen, respektvollen Umgang mit anderen zu pflegen?
▶ Methoden- und Entscheidungskompetenz: Wer verfügt über notwendiges Entscheidungskapital (offizielle Macht)? Wer hat notwendiges Beziehungskapital (informelle Macht)? Wer hat Methodenwissen (Fähigkeit zur Problemlösung und Entscheidungsfindung)?
▶ Anwenderkompetenz: Wer ist vom Projekt betroffen? Wer sind die Anwender, Umsetzer, Nutzer von Projektergebnissen?

Legen Sie die Anforderungen an die Teammitglieder fest

Selbstverständlich muss eine Person nicht alle Anforderungen in sich vereinen. Für die Personalauswahl können Sie sich der Teamrollentheorie von R. M. Belbin bedienen:

Typ	Teamrollenbeitrag nach Belbin
Umsetzer	Konservativ, pflichtbewusst, berechenbar, arbeitet hart, setzt Ideen in die Tat um, diszipliniert
Vorsitzende	Selbstsicher, vertrauensvoll, ausgeprägter Sinn für Ziele, fordert Entscheidungsprozess, stellt schnell die Talente der Gruppenmitglieder fest, weiß ihre Stärken zu nutzen – delegiert gut
Macher	Dynamisch, aufgeschlossen, Mut und Antrieb, Hindernisse zu überwinden, bekämpft Trägheit und Ineffizienz, selbstzufrieden, übt Druck aus
Erfinder oder Neuerer	Individualistisch, unorthodox, ernst, genial, fantasievoll, großes Denkvermögen, löst schwierige Probleme
Beobachter	Besonnen, strategisch, scharfsinnig, urteilt genau, Diskretion, Nüchternheit
Teamarbeiter	Umgänglich, sanft, empfindsam, einsichtig, zuvorkommend und diplomatisch, hört gut zu, baut Reibungsverluste ab
Perfektionist	Sorgfältig, ordentlich, gewissenhaft, ängstlich, liefert pünktlich
Wegbereiter, Weichensteller	Extrovertiert, begeistert, kommunikativ, stellt gern interne und externe Kontakte her, greift neue Ideen auf, reagiert auf Herausforderungen
Experte	Eigensinnig, engstirnig, übersieht leicht den Gesamtzusammenhang, bringt fachliches Wissen und Können, professionelle Standards

Ein wichtiger Aspekt ist die zeitliche Verfügbarkeit der Teammitglieder. Ausgezeichnete Mitarbeiter im Team zu haben, die aber keine Zeit haben, bringt Ihnen schnell Probleme. Sprechen Sie dieses Thema offen mit Ihrem internen Auftraggeber an.

Nach der Zusammenstellung Ihres Teams achten Sie auf die so genannten Teamentwicklungsphasen. In der Formierungsphase lernen sich die Teammitglieder kennen, nähern sich an, bringen Ihre Standpunkte und Positionen ein. In der Konfliktphase geht es darum, sich zu reiben und dadurch auch in das Projekt zu vertiefen. Die Ziele und gemeinsamen Regeln und Werte werden in der Normierungsphase gefunden. Erst jetzt gehen wir in die Arbeitsphase, wo es um konkrete Arbeit geht. Diese Phasen tauchen in der Zusammenarbeit immer wieder auf: Geben Sie diesen auch Raum und Zeit.

Der Projektleiter unseres Beispiels Führungskräfteausbildung hat sein Team folgendermaßen zusammengestellt:

Geben Sie dem Team Zeit, sich zu entwickeln

▶ Ein Mitarbeiter der Personalentwicklung des Kunden (die auftraggebende Seite),
▶ eine betroffene Führungskraft beim Kunden,
▶ zwei Berater aus seinem Unternehmen, die den Auftrag umsetzen werden,
▶ und er selbst als Projektleiter.

Im Team zum Kunden- und Qualitätsmanagement sind dagegen überwiegend ausgewählte Mitarbeiter der betroffenen Abteilung im Team. Gerade bei Organisationsentwicklungsprojekten ist für die Gestaltung der Projektorganisation etwas mehr Zeit einzuplanen. Die Verankerung in der Linienorganisation ist sehr wichtig.

Wenn Sie Ihr Team gebildet haben, erstellen Sie eine Liste mit Namen, Kurzzeichen, Telefon, Fax und E-Mail-Adressen der Mitarbeiter und heften diese in das Projekthandbuch. Sollte es einmal »brennen«, haben Sie schnell diese wichtige Unterlage parat.

Auf den Punkt

Machen Sie sich klar, wie Ihr Projekt im Unternehmen eingebettet ist – Matrixorganisation, reine Projektorganisation oder Projektkoordination. Unterscheiden Sie bei der Zusammenstellung des Teams zwischen fachlichen und sozialen Kompetenzen sowie Anwender- und Entscheidungskompetenzen. Kein Mitglied kann alle haben, aber das Team sollte insgesamt das ganze Spektrum abdecken. Fertigen Sie eine Namensliste mit wichtigen Daten der Teammitglieder an.

Nach der Zusammenstellung muss sich aus den Mitgliedern erst allmählich ein wirkliches Team mit gemeinsamen Zielen bilden. Beachten Sie deshalb folgende Regeln:

▶ Geben Sie den einzelnen Mitgliedern Zeit, sich als Team zu bilden und arbeitsfähig zu werden (Teamentwicklungsphasen).
▶ Sichern Sie sich die Loyalität der Mitglieder.
▶ Sorgen Sie für eindeutige Aufgaben- und Rollendefinitionen.

▶ Bilden Sie feste Strukturen für die Kommunikation zwischen Team (Projektleiter) und Auftraggeber.
▶ Ermöglichen Sie Ihren Mitgliedern Schulungen in Projektmanagement, Kommunikation (inklusive Konfliktmanagement), Präsentation und Moderation.

Wählen Sie Ihr Team nach fachlichen und sozialen Aspekten aus

Für das nächste Mal

Stecken Sie Ihren Spielraum als Projektleiter ab, indem Sie die Einordnung in Ihrem Unternehmen bestimmen. Legen Sie dann die Anforderungen fest, die an die Teammitglieder gestellt werden. Bei der Zusammenstellung Ihres Teams sollten Sie unbedingt auf die notwendigen Kompetenzen achten. Auch wenn Sie nicht persönlich für die Auswahl verantwortlich sind, sollten Sie sich in Gesprächen einen Überblick über die jeweiligen Kompetenzen der Mitglieder verschaffen, um sie im Team gezielt einzusetzen.

Starten Sie nicht sofort mit der Arbeitsphase! Geben Sie dem Team genügend Zeit, sich aufeinander einzustellen und Ziele und Regeln abzustimmen. Sie sparen damit insgesamt sehr viel Zeit.

Der Projektstart

Sie haben also inzwischen Ihren schriftlichen Projektauftrag, und Ihr Team ist zusammengestellt. Was nun? Als Nächstes definieren Sie Ihr vorliegendes Projekt. Dazu gehört einerseits die Abgrenzung und andererseits die Kontextanalyse. Ebenso wie alle weiteren Planungsunterlagen sollten Sie auch die Definition mit dem Auftraggeber abstimmen.

Sie befinden sich somit bereits mitten in der Projektstartphase. Für die Erstellung der Projektdefinition merken Sie sich als Leitfaden die Abkürzung SSZ (sachlich, sozial, zeitlich). Sie gilt sowohl für die Abgrenzung als auch für die Kontextanalyse.

Die Abgrenzung eines Projektes sollte folgende Punkte enthalten:

Sachlich (S):
- Anlass, Problemstellung,
- Ziele und Nicht-Ziele,
- Hauptaufgaben,
- Leistungsumfang,
- Projektbudget,
- kritische Erfolgsfaktoren, Risiken.

Sozial (S):
- zentrale Rollen (externer und interner Auftraggeber, Projektleiter, Projektteammitglieder, Mitarbeiter),
- projektspezifische Werte und Regeln (Projektkultur).

Zeitlich (Z):
- ▶ Projektbeginn,
- ▶ Projektende,
- ▶ eventuell bereits festgelegte Meilensteine.

Die Bestimmung des Kontextes folgt nun ebenfalls noch den bereits erwähnten Gesichtspunkten:

Sachlich (S):
- ▶ Zusammenhang zwischen Unternehmensstrategie, Leitbild und dem aktuellen Projekt,
- ▶ Zusammenhang mit anderen Projekten im Unternehmen,
- ▶ sachliche Einflussfaktoren: etwa ökonomische, technische und politische.

Sozial (S):
- ▶ soziale Umwelt: Wer wirkt auf Ihr Projekt? Auf wen wirken Sie mit diesem Projekt? Wie wollen Sie kommunizieren?

Zeitlich (Z):
- ▶ Vorprojektphase: Was war schon vor Projektstart?
- ▶ Nachprojektphase: Was wird nach Projektende noch sein?

Beachten Sie bitte, dass eine Definition niemals statisch ist. Sie wird durch alle weiteren Planungsschritte immer wieder aufs Neue ergänzt und verändert. Im weiteren Arbeitsverlauf ist sie aus eben diesem Grund Gegenstand des Controllings.

Definieren Sie Ihr Projekt

Auf den Punkt

Für das Gespräch mit Ihrem Auftraggeber arbeiten Sie alle Elemente der Definition durch. Fertigen Sie dabei eine erste Skizze an, in der Sie zu jedem Gliederungspunkt Stichpunkte notieren. So können Sie entscheiden, was besprochen werden muss und welche Fragen noch zu klären sind.

Projektziele

Ein erfolgreiches Projekt braucht eine klare sachliche Projektbegrenzung: Zentral sind dabei die Ziele. Theoretisch sind diese vom Auftraggeber vorgegeben; in der Praxis sieht das jedoch anders aus.

Meist ist es wenig sinnvoll, beim Auftraggeber nachzufragen. Bei einem unklaren Auftrag stellen Sie mit Ihrem Team eigene Überlegungen zu Inhalt und Ziel an und legen die Resultate Ihrem Kunden dann zur Diskussion vor.

Die Grobziele stehen an oberster Stelle. Sie müssen im Projektauftrag stehen. Diese Fragen dienen Ihnen zur Orientierung:

- ▶ Was soll erreicht werden, welches Ergebnis wird angestrebt?
- ▶ Wie soll das Ergebnis aussehen, welche Qualität soll es haben?
- ▶ Wann soll das Ziel erreicht sein, zu welchem Termin?
- ▶ Wie viel dürfen Material, Mitarbeiter, sonstige Ressourcen kosten?
- ▶ Wer soll das Projekt leiten, wer beauftragt das Projekt? Wer ist vom Projekt betroffen?

Zurück zu unserem Beispiel der Führungskräfteausbildung. Eine Bestimmung der Grobziele könnte hier folgendermaßen aussehen:

Legen Sie die Projektziele fest

- ▶ Was? Ausbildung der Führungskräfte in Interkulturellem Management* zur Sicherung der Wettbewerbsfähigkeit des Unternehmens auf internationaler Ebene. (*Zentrale Inhalte wurden vom Kunden benannt.)
- ▶ Wie? Jede Führungskraft erhält pro Jahr eine eintägige Analyse, ein zehntägiges Training in einer Gruppe von zehn Kollegen sowie zehn Stunden Einzelcoaching. Der zeitliche Modus ist im Anhang dargestellt. Die Ergebnisse der alle zwei Monate durchzuführenden Ausbildungsbewertung durch den Auftragnehmer fließen in das Bildungscontrolling des Kunden und in den vom Auftragnehmer zu erstellenden Abschlussbericht. Über Veranstaltungsorte entscheidet der Kunde.
- ▶ Wann? 6.5.2002 eintägiger Start-Workshop – 7.5.2004 Close-down-Meeting Projektteam mit internen Auftraggebern und Kunden.
- ▶ Wie viel? Gesamtbudget 563 000 Euro zur Ausbildung für 30 Führungskräfte, mit allen Konzeptions-, Controlling- und Abschlussarbeiten.
- ▶ Wer? Der Projektleiter ist Herr Augustin, die Geschäftsführerin Frau Rucci ist interne Auftraggeberin, externer Auftraggeber ist der Kunde Herr Magani.

Die Zielformulierung ist in der Praxis ein oftmals schwieriger Akt. Beachten Sie daher die folgenden Regeln:

- Die Ziele müssen operational formuliert werden: klarer Gegenstand, messbare Ergebnisse, fester Zeitbezug.
- Beginnen Sie rasch nach dem Projektauftrag mit der Giederung des Grobzieles in detaillierte Einzelziele (Zielhierarchie).
- Die Ziele müssen realistisch und gleichzeitig herausfordernd und erreichbar sein.
- Auch die Nicht-Ziele sollten formuliert werden. Das vermeidet Missverständnisse, etwa dass Sie von einem Konzeptionsprojekt ausgehen, der Kunde aber von Konzept und Realisierung.
- Neben den Projektzielen gibt es noch individuelle Ziele, die die Mitarbeiter, das Management, der Anwender oder der Kunde verfolgen.
- Ziele können konflikthaft sein (Ziel 1 beeinflusst Ziel 1 negativ), komplementär (Ziel 1 zieht Ziel 2 nach sich) und indifferent (Ziel 1 und 2 sind voneinander unabhängig).

Auf den Punkt

Formulieren Sie für den schriftlichen Projektauftrag die Grobziele, die das Was, Wie, Wann, Wie viel und Wer beantworten. Orientieren Sie sich dabei an den Kriterien Smart:

S = spezifisch,
M = messbar (Zeit, Kosten, Qualität),
A = aktiv beeinflussbar und anspruchsvoll,
R = realistisch, lösungsneutral (für die zu erarbeitende Lösung sollte genügend Freiraum vorhanden sein),
T = terminiert.

Projektrisiken

Jedes Projekt birgt eigene Risiken. Eine ausführliche Analyse und Bewertung der Gefahren machen Sie am besten auf Basis des Projektstrukturplanes. In der Startphase sollten Sie aber auf jeden Fall erste zentrale Risiken lokalisieren und schriftlich festhalten. So sorgen Sie bereits im Vorfeld für ein allgemeines Problembewusstsein im Team. Unterscheiden Sie dabei zwischen

▶ projektinternen Risiken (vertrags-, finanz-, personal-, organisations-, informations- und technisch bedingte Risiken),
▶ Risiken aus den relevanten Umwelten (beispielsweise vom Kunden, vom Management, vom eigenen Team),
▶ Risiken aus dem sachlichen Umfeld (technische, wirtschaftliche, kulturelle, rechtliche und politische Risiken).

Die Risiken können Sie für das ganze Projekt, für einzelne Phasen oder Objekte und für einzelne Arbeitspakete bestimmen und beobachten. Verwenden Sie auf Arbeitspaketebene diese Checkliste:

Arbeitspaket-Nummer:
Risiko/mögliche Abweichung
Eintrittswahrscheinlichkeit (Bewertung mit 1 bis 5, wobei hier 1 sehr hoch ist und 5 gering ist)
Tragweite bzw. potenzieller Schaden (Bewertung auch hier 1 bis 5)
Denkbare Ursachen
Vermeidung
Kosten der Vermeidungsstrategie
Schadensbegrenzung nach Eintritt
Entscheidung zu Umgang mit Risiko (Setzen risikopolitischer Maßnahmen)

Zergliedern Sie Ihr Grobziel in Einzelziele

Generell gilt: Unterschätzen Sie nicht die Gefahren! Der gezielte Einsatz von Projektmanagement-Methoden wird Ihnen helfen, Probleme frühzeitig zu erkennen und leichter zu bewältigen. Achten Sie bei Ihrer Arbeit daher auf laufendes Risikocontrolling.

Auf den Punkt

Notieren Sie sich schon in der Anfangsphase die zentralen Risiken und thematisieren sie diese in Ihrem ersten Gespräch mit dem Auftraggeber. So sorgen Sie rechtzeitig für Problembewusstsein bei allen Beteiligten.

Zeitliche Abgrenzung

Vereinbaren Sie für Projektbeginn und Projektende nicht nur ein Datum, sondern legen Sie ein Ereignis fest. Ereignisse verankern Sie im Kopf der Beteiligten leichter. Am Anfang kann beispielsweise die Übergabe des Projektauftrages, ein Kick-off-Meeting oder ein Start-Workshop stehen. Das Ende kann durch eine Abschlusspräsentation, eine Abnahme oder eine Entscheidung bestimmt werden.

Achten Sie außerdem auf Meilensteine (das heißt wesentliche, terminierte Projektereignisse, wie beispielsweise Übergabe oder Lieferung von Teilleistungen), die vom Projekt-Auftraggeber vorgegeben werden.

Soziale Abgrenzung

Unter sozialer Abgrenzung versteht man die Klärung von Verantwortung und Kompetenzen durch eine entsprechende Rollendefinition und das gemeinsame Festlegen einer Projektkultur im Team. Zentrale Projektrollen sind:

- der Projektleiter,
- die Projektteammitglieder,
- die Projektmitarbeiter,
- der interne und externe Projektauftraggeber,
- je nach Projekt: ein Lenkungsausschuss oder ein Steuerungskreis.

Dieser Ausschuss kann als Ratgeber für das Team und den internen Auftraggeber dienen oder diesem auch überstellt sein. Stellen Sie diese hierarchischen Über- und Unterordnungen in einem Projektorganigramm dar.

Beachten Sie in Ihrer Arbeit in jedem Fall den Unterschied zwischen den Projektteammitgliedern (das heißt Kernteammitgliedern) und den Mitarbeitern Ihres Projektes.

Teammitglieder sind fester Bestandteil, stellen also den Kern des Projekts. Mitarbeiter (Temporärmitarbeiter, Experten, Berater) arbeiten dagegen nur zu. Sie können aber in verschiedene Subteams eingebunden werden, deren Leiter jeweils dem Kernteam angehören. Die Begriffe Projektleiter und -manager werden in der Praxis verschieden verwendet. Zum Teil sind sie austauschbar, in manchen Fällen ist jedoch der Projektmanager ausschließlich für die kaufmännische Seite zuständig. Überprüfen Sie die Handhabung der Bezeichnung in Ihrem Unternehmen, und dringen Sie bei Unklarheiten auf eine Klärung, wer wofür zuständig ist.

Machen Sie sich die Projektrisiken klar

Die Rollendefinitionen werden nach Festlegung in das Projekthandbuch aufgenommen. Verwenden Sie dazu diese Checkliste, hier mit dem Beispiel des Projektleiters:

Rollenbezeichnung	Projektleiter
Ziele und Inhalte der Rolle	Der Projektleiter ist für die Zielerreichung, Termine und Kosten verantwortlich. Er ist verantwortlich für die Koordinierung der Teammitglieder und Mitarbeiter.
Organisatorische Einbindung der Rolle	Projektorganisation: dem Auftraggeber zugeordnet Unternehmen: Mitarbeiter der Abteilung ...
Hauptaufgaben der Rolle	Definition in der Startphase und Zielvereinbarung Erstellung und Wartung der Pläne Qualitätssicherung im Projektverlauf Führung des Teams, Moderation und Teamentwicklung Gestaltung der Projektkultur Aufbau Kommunikations- und Informationsstrukturen Controlling und Dokumentation Projektabschluss Vertretung nach außen
Kompetenzen	Eigenverantwortlich im Rahmen der mit dem (internen) Auftraggeber vereinbarten Ziele Unterschrift aller Dokumente Finanzielle Entscheidung bis ... . Euro Beschaffung von Ressourcen in Abstimmung mit ... Einberufen von Teamsitzungen und Besprechungen mit dem Auftraggeber
Verhaltenserwartungen	Die Fäden des gesamten Projekts in der Hand zu haben Kundenorientierter und teamorientierter Zugang Kooperative Führung

Selbstverständlich können manche der hier angeführten Hauptaufgaben auch delegiert werden. Eine Anpassung an Ihr Projekt ist auf jeden Fall notwendig.

Ein guter Projektleiter zeichnet sich vor allem durch Flexibilität aus. Je nach Situation müssen Sie mal als Planer, Entscheider, Psychologe, Moderator oder als Motivator auftreten. Gerade bei komplexen Projekten sind Ihre Organisations- und Führungsqualitäten gefordert.

Zentral für Sie sind der interne und der externe Auftraggeber, da diese maßgeblich auf Ziel und Inhalt Ihres Projektes wirken.

Die Unterscheidung zwischen »intern« und »extern« bezieht sich auf den folgenden Umstand: Auch wenn Sie für einen externen Kunden (das heißt externen Auftraggeber) ein Projekt ausführen, haben Sie gleichzeitig intern in Ihrem Unternehmen einen Vorgesetzten, dem Sie mit Ihrem Projekt verantwortlich sind. So hat jedes Projekt einen internen Auftraggeber, aber nicht alle einen externen – denken Sie dazu beispielsweise an unser Projekt Kunden- und Qualitätsmanagement.

Es ist oft sehr wichtig, gerade die Rolle des internen Projektauftraggebers klarzustellen. Die Hauptaufgaben können so aussehen:

▶ Auftrag erteilen,
▶ Grobziele und Strategien vorgeben,
▶ Entscheidungen treffen, die Ziele verändern,
▶ Auswahl des Projektleiters,
▶ Ressourcen und Vorgabe des Budgets sichern,
▶ Standards definieren,

Welche Rolle spielen Ihre Auftraggeber?

- ▶ regelmäßige Information und Gespräche mit dem Projektleiter führen,
- ▶ Mitarbeit bei der Krisenbewältigung,
- ▶ Marketing.

Der interne Projektauftraggeber unseres Projektleiters Führungskräfteausbildung ist die Geschäftsführerin Rucci. Sie hat den Auftrag vom Kunden zwar angenommen, sieht aber bei der Umsetzung keine operative Verantwortung mehr bei sich. Der Projektleiter muss hier in jedem Fall die Ziele und Aufgaben ihrer Rolle ansprechen und klären. Ein weiterer Punkt der sozialen Abgrenzung ist die Projektkultur, die sich auf verschiedenen Ebenen zeigt:

- ▶ Das Projekt hat ein eigenes Logo und einen eigenen Namen. Es wird so nach außen eindeutig wahrgenommen.
- ▶ Es gibt verschiedene organisatorische Spielregeln.
- ▶ Die Projektkultur zeigt sich in der Zusammenarbeit der Teammitglieder, die bestimmte Werte und Normen einbringen.
- ▶ Jedes Projekt entwickelt eine eigene Sprache, beispielsweise durch Anekdoten, die von allen aufgegriffen werden.

Entwickeln Sie die Regeln und Werte für Teamsitzungen, den Schriftverkehr oder Unterschriftsberechtigungen immer gemeinsam mit Ihrem Team. Als Projektleiter spielen Sie eine wichtige Rolle bei der Umsetzung der Verhaltensformen. Gehen Sie mit gutem Beispiel voran.

Auf den Punkt

Legen Sie Anfang und Ende Ihres Projektes mit Datum und Ereignis fest. Definieren Sie in der Startphase Ihre eigene Rolle als Projektleiter, die Rollen Ihres Auftraggebers sowie Ihrer Teammitglieder. Auf diese Weise stecken Sie die Kompetenzen und Aufgabenbereiche deutlich ab. Das unterstützt die Zusammenarbeit und fördert schnellere Entscheidungen.
Ebenso wichtig ist die Projektkultur. Entwickeln Sie gemeinsam mit Ihren Teammitgliedern Regeln und Werte. Geben Sie Ihrem Projekt einen Namen und ein Logo.

Projekt-Kontextanalyse

Wenn Sie die Projektabgrenzung abgeschlossen haben, können Sie sich der Kontextanalyse zuwenden. Denken Sie auch hier an SSZ.

Sachliche Kontextanalyse

Prüfen Sie bei der sachlichen Kontextanalyse den Zusammenhang Ihres Projektes mit der Unternehmensstrategie und dem Leitbild. Unterstützt Ihr Projekt die Realisierung?
Analysieren Sie auch die Beziehungen zu anderen Projekten in Unternehmen. Lassen sich beispielsweise Synergien nutzen?
Im Beispiel Kunden- und Qualitätsmanagement fordert die Personalentwicklerin sofort nach dem Start-Workshop ihr Team zu einer eingehenden Analyse der Nahtstellen zu den laufenden internen Projekten auf, um mögliche Synergien oder Konkurrenz zu erkennen.

> **Lassen sich Synergien zu anderen Projekten nutzen?**

Unterscheiden Sie in der Kontextanalyse die folgenden Einflussfaktoren auf Ihr Projekt:

- ▶ betriebswirtschaftliche,
- ▶ personelle,
- ▶ soziale,
- ▶ psychologische,
- ▶ technische,
- ▶ ökologische,
- ▶ natürliche,
- ▶ juristische,
- ▶ politische,
- ▶ volks- und gesamtwirtschaftliche.

Erfassen Sie diese Einflussgrößen zu Beginn Ihres Projektes möglichst vollständig. In einer Tabelle bestimmen Sie zu jedem Faktor die Art des Einflusses, die Auswirkungen und entsprechend die zu planenden Schritte.
Die sozialen Umwelten eines Projektes werden in der sozialen Kontextanalyse betrachtet.

Auf den Punkt

Vergegenwärtigen Sie sich die Zielsetzungen und Strategien Ihres Unternehmens, und fragen Sie nach den konkreten Zusammenhängen mit Ihrem eigenen Projekt. Analysieren Sie ebenso die Nahtstellen zu anderen Projekten, um Überschneidungen zu vermeiden und Synergien zu nutzen. Erfassen Sie schon zu Beginn alle relevanten sachlichen Einflussfaktoren und überprüfen Sie diese auch im Projektverlauf regelmäßig auf Veränderungen.

Soziale Kontextanalyse

Sie sollten besonders die soziale Umwelt im Blick haben: die Personen und Institutionen, die auf das Projekt wirken und auf die Sie mit dem Projekt wirken. Am besten erstellen Sie eine so genannte Projektumweltanalyse in vier Schritten:

Welche sozialen Umwelten wirken auf Ihr Projekt?

- ▶ Schritt 1: Wählen Sie die Form der Darstellung. Sie können die Ergebnisse grafisch oder tabellarisch darstellen. Wenn Sie in einem Team arbeiten, benutzen Sie am besten eine Pinnwand oder ein Flip-Chart. In der Mitte tragen Sie den Projektnamen ein.
- ▶ Schritt 2: Sammeln Sie soziale Umwelten. Die Teammitglieder schreiben alle Personen und Institutionen auf, die mit dem Projekt in Zusammenhang stehen. Bündeln Sie diese nicht mithilfe von Sammelbegriffen, wie zum Beispiel Lieferanten, sondern stellen Sie alle einzeln dar.
- ▶ Schritt 3: Bewerten Sie die Umwelten. Sie legen je Umwelt Folgendes fest: die Bedeutung (im Sinne von Einflussmöglichkeiten auf Ihr Projekt), die Distanz (das heißt die Intensität der Interaktion) und die Einstellung zum Projekt (zum Beispiel neutral, ablehnend, positiv). Damit gewinnen Sie Ihre »relevanten« Umwelten. Grafisch können Sie die Kriterien durch dicke und dünne beziehungsweise kurze und lange Pfeile darstellen. Einstellungen können Sie durch Farben ersichtlich machen. In Tabellen arbeiten Sie einfach mit einer Punkteskala.
- ▶ Schritt 4: Kommunizieren, informieren und beteiligen. Da Sie nun Bedeutung, Distanz und Ein-

stellung der Umwelt kennen, beispielsweise die des Kunden, legen Sie die Kommunikation fest (ein monatliches Projektgespräch, ...), die Information (ein Leistungsfortschrittsbericht, ...) Entscheiden Sie, wann und wo Sie ihn in Ihrem Projekt beteiligen werden und auch müssen (Zielkonkretisierung beim Kick-off, ...). Basis dafür ist die Kenntnis der gegenseitigen Erwartungen – vom Projekt an die Umwelt und umgekehrt.

Und das haben Sie mit der ersten Umweltanalyse erreicht:

▶ Sie kennen die Einstellungen, also auch Freunde und Feinde des Projekts.
▶ Planen Sie eine effektive Kommunikations- und Informationspolitik.
▶ Ihr Team erkennt spätestens jetzt die Komplexität des Projektes.

Eine solche Umweltanalyse wird im Rahmen des Controllings fortlaufend aktualisiert und die Effektivität der geplanten Mittel überprüft.

Auf den Punkt

Mit einer Projektumweltanalyse, einem der zentralen Instrumente im Projektmanagement, verdeutlichen Sie sich die sozialen Umwelten (Personen und Organisationen), die Ihr Projekt beeinflussen. Erstellen Sie diese Analyse im Team und gehen in den vier Schritten vor. Bedenken Sie, dass dies kein statisches Instrument ist.

Zeitliche Kontextanalyse

Wenn Sie ein Projekt angehen, sollten Sie sich unbedingt die Frage nach dem Vorher stellen. Gibt es beispielsweise bereits Vorstudien, Terminrestriktionen oder für Sie relevante Entscheidungen? Womöglich investiert Ihr Team seine wertvolle Zeit in Dinge, die schon im Vorfeld festgelegt worden sind.

Stellen Sie bei der zeitlichen Kontextanalyse auch erste Überlegungen an, was im Anschluss an das Projekt gemacht werden soll. Wenn Sie eine Messe organisieren, endet die Arbeit nicht mit dem letzten Ausstellungstag. Der Abbau ist unter anderem noch Teil des Projektes. Oder was passiert mit Kundenanfragen, die sechs Monate nach der Messe eingehen? Wer nimmt sie entgegen, und wer ist für die Bearbeitung zuständig? Typisch für die Nachprojektphase sind auch Gewährleistungen. Im Detail planen Sie diese Arbeiten erst zeitnah zum Projektende .

Können Sie auf Vorarbeiten zurückgreifen?

Für das nächste Mal

Am Anfang eines Projekts steht die Definition. Arbeiten Sie bei der Erstellung mit dem Raster der Projektabgrenzungs- und Projekt-Kontextanalyse. Besonders wichtig ist dabei die Festlegung der Ziele. Auf diese Weise haben Sie schon nach wenigen Stunden einen ersten Überblick über die Komplexität Ihres Projektes. Im Gespräch mit dem Auftraggeber können Sie sodann eine erste Projektdefinition präsentieren und durch gezieltes Nachfragen Ihre eventuellen Wissenslücken schließen.

Projektstart-Workshop

Diese Workshops dienen einerseits zur Planung und Strukturierung, andererseits sorgen sie für den nötigen Teamgeist. Diese gemeinsame Veranstaltung verdeutlicht allen, wie wichtig es ist, am gleichen Strang zu ziehen. Als Projektleiter sind Sie für die optimale Vorbereitung verantwortlich. Lassen Sie sich dabei von Teammitgliedern unterstützen, und binden Sie diese in die Vorbereitung ein.

Ziel, Umfang und Art des Workshops hängen jeweils von dem Projekt und seiner Komplexität ab. Dementsprechend laden Sie neben Ihrem Projektteam auch – zu bestimmten Tagesordnungspunkten – Personen aus Ihrer Projektumwelt ein. Besonders wichtig ist die professionelle Moderation der Veranstaltung. Wenn Sie da selbst noch wenig Erfahrung haben, dürfen Sie natürlich jederzeit einen Profi (etwa einen externen oder internen Berater) verpflichten. Die Inhalte eines Start-Workshops sind:

- ▶ Informationen über die Problemstellung und Vorprojektphase,
- ▶ Vereinbarung der Grobziele,
- ▶ Einigung über Art und Weise von Planung, Umsetzung und Abschluss,
- ▶ grobe Projektstruktur- und Ablaufplanung,
- ▶ Erstansatz von Terminen, Ressourcen, Kosten,

- Rollendefinition von Auftraggeber, Projektleiter, Teammitgliedern und Mitarbeitern,
- gegenseitiges Kennenlernen der Teammitglieder.

Der Projektleiter aus unserem Beispiel Führungskräfteausbildung entschließt sich, einen Start-Workshop zu veranstalten. Er organisiert ein eintägiges Treffen, bei dem das gesamte Team und seine Vorgesetzten anwesend sind. Als Veranstaltungsort reserviert er einen Tagungsraum in einem Hotel. So erhofft er sich die volle Konzentration aller Beteiligten auf das Projekt.

Bei vielen Projekten bietet es sich an, den Auftraggeber zu Beginn und zum Ende des Workshops einzuladen. Dann können die Teammitglieder zwischendurch offener über ihre Eindrücke und Einschätzungen sprechen. Eine hierarchielose Atmosphäre schafft mehr Freiraum für Kreativität und bringt Schwung in die Teamarbeit. Zu Beginn dagegen kann gemeinsam der Zielrahmen abgesteckt werden. Am Ende können Sie dem Auftraggeber eine Präsentation der Ergebnisse in ein oder zwei Stunden anbieten. Entscheiden Sie selbst von Fall zu Fall wieder neu!

Stimmen Sie aber immer vor dem Workshop die Vorgehensweise mit Ihrem Auftraggeber ab. Stellen Sie sicher, dass er mit der Rolle einverstanden ist und für das Team relevante Beiträge einbringen kann. Unterstützen Sie ihn bei Bedarf.

Organisieren Sie für das ganze Team einen Workshop

Workshop mit Moderator

Die Moderation ist entscheidend bei einem Start-Workshop, denn sie sorgt für die Steuerung und

Optimierung der Gruppenprozesse. Aufgaben des Moderators sind:

- ▶ Sammeln und Festhalten der Beiträge,
- ▶ Lenken der Diskussion auf das wichtigste Thema,
- ▶ Konkretisieren der Ideen.

Die Doppelrolle Projektleiter und Moderator kann – muss aber nicht – zu Konflikten führen. Wenn Sie sich für einen Profi entscheiden, sollten Sie auf ausgezeichnete Kenntnisse im Projektmanagement achten. Nur wer mit den Methoden des Projektmanagements vertraut ist, kann zur Effizienz der Planung beitragen. Betrachten Sie daher den Moderator ein Stück weit als Berater im Rahmen des Workshops.

Auf den Punkt

Sprechen Sie mit Ihrem Auftraggeber frühzeitig die Notwendigkeit der präzisen Projektdefinition ab. Sichern Sie sich die notwendigen Mittel. So sparen Sie auf lange Sicht Zeit und Kosten.
Idealerweise veranstalten Sie einen Start-Workshop, je nach Umfang von ein bis drei Tagen, in einem Hotel. Wenn Sie Rollenkonflikte zwischen Moderator und Projektleiter erwarten, dann engagieren Sie einen Moderator. Informieren Sie ihn über die Grundstrukturen des Projekts und formulieren Sie gemeinsam die Zielsetzungen des Workshops. Wenn Sie die Veranstaltung selbst leiten wollen, holen Sie sich für die Planung Unterstützung aus Ihrem Team.

Projekthandbuch

Am Ende eines Start-Workshops steht der Erstansatz des so genannten Projekthandbuches. Es dokumentiert die Ergebnisse der bisherigen Arbeit und dient als Grundlage für das weitere Vorgehen. Sie und Ihr Team sollten dieses Handbuch regelmäßig aktualisieren. Es enthält folgende Bereiche:

▶ Zielvereinbarungen (Projektziele, Produktziele, Termin und Kostenziele),
▶ Projektorganisation (Verantwortung und Kompetenzen),
▶ Inhalte (Hauptaufgaben, aktueller Ablauf- und Terminplan, Controlling),
▶ Qualitätsmanagement (Definition von relevanten Kriterien und laufende Qualitätssicherungsmaßnahmen),
▶ Standards, Normen, Richtlinien,
▶ Informations- und Kommunikationsstrukturen: Sitzungen: Termine, Tagesordnung und Teilnehmer der Statussitzungen; Dokumentationsvereinbarung: was, wozu, wer, wie, wann, wo, (an) wen,
▶ Projektabschluss.

Das Projekthandbuch dokumentiert die einzelnen Phasen

Für das nächste Mal

Je nach Komplexität des Auftrags organisieren Sie einen ein- bis dreitägigen Start-Workshop. Hier präzisieren Sie die Ziele des Projekts und planen die Umsetzung. Die Ergebnisse Ihrer Arbeit fließen in das Projekthandbuch ein. Zusätzlich bietet Ihnen der Workshop eine gute Gelegenheit, Ihre Mitarbeiter für die Sache zu begeistern und sich als Team zu finden.

Projektleiter und Moderator in einer Person zu sein, kann im Team Konflikte erzeugen. Holen Sie sich dann die Unterstützung eines erfahrenen Moderators. Laden Sie zum Abschluss des Workshops Ihren Auftraggeber ein, und präsentieren Sie ihm die Ergebnisse.

Projektstrukturplan

Das Herzstück ist der Projektstrukturplan (PSP). Hier werden die Ergebnisse der Projektdefinition und die vereinbarten Ziele in konkrete Handlungsschritte umgesetzt. Der Strukturplan stellt das vollständige Bild aller zu bewältigenden Aufgaben dar. Diese sind dabei in so genannten Arbeitspaketen (plan- und kontrollierbare Teilaufgaben) enthalten.

Ein weiteres Intrument ist der Objektstrukturplan. Hier führen Sie alles auf, was nötig ist für die Erstellung eines Produktes oder einer Dienstleistung (Komponenten, Werkzeuge, Hilfsmittel).

Mithilfe beider Instrumente können Sie sowohl die Handlungen als auch alle notwendigen Mittel für die Umsetzung überblicken.

Ein Strukturplan ist ein recht stabiles Planungsinstrument. Daher sollten Sie ihn zu Beginn wirklich sorgfältig erstellen. Konkrete Kosten-, Termin- oder Ressourcenplanungen finden sich dort allerdings nicht.

Der Strukturplan ist aber dennoch die entscheidende Basis für die Termin-, Ressourcen- und Kostenplanung, für die Dokumentation, das Controlling sowie für die Definition der Risiken. Schließlich erfolgt auch die Qualitätssicherung auf dieser Basis.

Der Strukturplan ist auch eine Ihrer wichtigsten Unterlagen im Rahmen der Projektkommunika-

Der Projektstrukturplan ist die Basis Ihrer Planung

tion. In kürzester Zeit können Sie mit seiner Hilfe über Status und Inhalt des Projekts beispielsweise den Projektauftraggeber informieren.

Auf den Punkt

Auf den Strukturplan können Sie beim Projektmanagement nicht verzichten. Er ist aber kein Ablauf-, Termin- oder Kostenplan, sondern dient als Grundlage für jeden weiteren konkreten Planungsschritt.

Der Strukturplan ist in verschiedene Ebenen gegliedert. Stellen Sie sich dazu eine Baumstruktur vor und betrachten Sie die horizontalen Ebenen. Ganz oben steht der Projektname. Stellen Sie sich zur Verdeutlichung das Beispiel Kunden- und Qualitätsmanagement vor. Die erste Ebene bezeichnet das Projekt:

1. Ebene

Kunden- und Qualitätsmanagement

Auf der zweiten Ebene des PSP erfolgt dann die Strukturierung nach verschiedenen Gliederungsgesichtspunkten, wie Funktionen, Objekte, Phasen, Orte.

2. Ebene

In unserem Beispiel können hier auch noch abgebildet werden: eine Kundenbefragung, die Infrastruktur der Abteilung, die Geschäftsfelder und Produkte der Abteilung sowie der Projektabschluss. Die Strukturierung der zweiten Ebene hängt von Art und Umfang des Projekts ab:

▶ Die Gliederung nach Funktionen (erforderliche Aufgabentypen wie Analyse, Befragung oder Konzeption) erzeugt beispielsweise eine tätigkeitsorientierte Darstellung.
▶ Das Ordnen nach einzelnen Objekten (die Komponenten des Produktes oder der Dienstleistung) sorgt für eine Betonung der Ergebnisse.
▶ Eine Gliederung nach Phasen (Analyse, Konzeption, Realisierung) ist am übersichtlichsten. Die Phasen werden dabei nicht nach einer zeitlichen Abfolge gegliedert, sondern nach sachlichen Zusammenhängen.

In der Praxis werden meist gemischte Gliederungen verwendet. Im Folgenden finden Sie eine Reihe von Projektarten mit möglicher Gliederung auf der zweiten Ebene.

Gliedern Sie den Strukturplan in mehrere Ebenen

Projektarten	Typische Phasen des Projektes
Technische Projektaufgaben	Konzeptionsphase
	Planungsphase
	Realisierungsphase
	Einführungsphase
	Nutzungsphase
	Außerdienststellungsphase
	Recycling- und Modifikationsphase
Vorprojekt: Vorbereitung von Realisierungsprojekten, Machbarkeitsstudien und Ähnlichem	Projektstart und -planung
	Erfassung Ist-Zustand
	Situationsanalyse
	Entwicklung alternativer Soll-Konzepte
	Bewertung der Alternativen und Auswahl
	Planung der Umsetzung
	Projektabschluss
Organisationsprojekte (Organisationsentwicklung, EDV-Einführung, Qualitätsmanagement-Einführung, Strategieentwicklung)	Projektstart und Ist-Analyse
	Zielplanung
	Soll-Konzeptionen
	Pilotanwendung
	Bewertung Pilotversuch
	Umsetzung Gesamtkonzept
	Schulung
	Bewertung
Investitions-, Anlagenbau-, Bauprojekte	Projektstart und -planung
	Engineering
	Behördenverfahren
	Beschaffung
	Bau und Montage
	Inbetriebnahme
	Schulung und Dokumentation
	Planung der Nutzung
Entwicklung von Produkten	Projektstart und -planung
	Markt- und Eigenanalyse
	Machbarkeitsstudie
	Projektentwicklung
	Produkttest und Freigabe
	Null-Serie
	(Planung der) Markteinführung
Veranstaltungsprojekte	Projektplanung
	Konzepterstellung
	Vorbereitung
	Durchführung (Nachbereitung)

Quelle: Patzak, G.; Rattay, G. (1998) Seite 158 ff)

Die dritte Ebene des Strukturplans nimmt die Einteilung in Arbeitspakete vor:

3. Ebene

Auf den Punkt

Skizzieren Sie als Projektleiter einen ersten Strukturplan als persönliche Hilfestellung. Für die Gespräche mit internen und externen Auftraggebern kann dieser Entwurf sehr hilfreich sein – legen Sie den Plan aber in den Gesprächen noch nicht schriftlich vor, sondern prägen Sie ihn sich gut ein. Arbeiten Sie den endgültigen Projektstrukturplan erst mit Ihrem Team aus. Schließlich müssen alle gemeinsam anschließend für die Umsetzung sorgen!

Erarbeiten Sie den Strukturplan mit Ihrem Team

Arbeitspakete

Erstellen Sie die Arbeitspakete so, dass plan- und kontrollierbare Teilaufgaben entstehen, die einer Arbeitsgruppe, einer Fachabteilung oder einem externen Berater übergeben werden können. Vermeiden Sie zu feine Aufteilungen. Sie verringern die Übersichtlichkeit des Strukturplans.

Jedes Arbeitspaket beinhaltet eine Vereinbarung zwischen dem verantwortlichen Teammitglied und dem Projektleiter über die Leistungsziele. Die mit den Aufgaben Betrauten nehmen die konkrete Definition ihres Paketes selbst vor. Dazu ist folgende Checkliste hilfreich:

Arbeitspaket-Nummer	1.1.1 Projektstart im Organisationsprojekt
Inhalt	Projektdefinition, Strukturplan mit Definition der Arbeitspakete, Termin- und Kostenplanung, zweitägiger Start-Workshop mit dem ganzen Team, Zustimmung für Konzeption vom Auftraggeber einholen, Festlegung eines Projektnamens und -logos
Nicht-Inhalt	Zusammenstellung des Teams
Ergebnisse	Klare Ziele, Erstansatz Handbuch, Zustimmung vom Auftraggeber
Leistungsfortschrittsmessung	40 Prozent Zieldefinition, 40 Prozent Handbuch, 20 Prozent Zustimmung Auftraggeber
Verantwortlich	Frau Mayer
Dauer und terminliche Lage	14.8. – 13.9.
Benötigte Ressourcen	64 Stunden pro Teammitglied ohne Projektleiter plus 80 Stunden Projektleiter
Kosten des vorliegenden Arbeitspaketes	Pro Teammitglied circa 2 600 Euro und für den Projektleiter circa 4 900 Euro Personalkosten plus circa 1 200 Euro für Tagungs- und Übernachtungsaufwendungen
Abhängigkeit zu anderen Arbeitspaketen	

Es ist oft besonders schwierig, Ressourcen und Termine abzuschätzen. Holen Sie sich bei repetitiven Projekten Hilfe im eigenen Unternehmen, und fragen Sie bei anderen erfahrenen Kollegen nach. Ansonsten werden die Schätzungen vom jeweils Verantwortlichen selbst vorgenommen, wobei er das Arbeitspaket in einzelne Tätigkeiten zerlegt und diese zeitlich einschätzt. Bei sehr komplexen Projekten kann man beispielsweise so genannte Expertenbefragungen durchführen.

Holen Sie sich Hilfe von erfahrenen Kollegen

Unterscheiden Sie bei den Schätzungen die Durchlaufzeiten und die Arbeitszeiten. Berücksichtigen Sie bei Ihrer Ressourcenplanung außerdem mögliche Ausfälle durch Urlaub oder unvorhersehbare Ereignisse wie Krankheit. Zusätzlich müssen Sie davon ausgehen, dass nur 80 Prozent der täglichen Arbeitszeit Ihrer Mitarbeiter tatsächlich produktiv ist.

Arbeitspakete können unterschiedlich exakt vorausgeplant werden. Nur besonders komplexe Pakete, bei denen Art und Umfang recht unklar sind, oder solche, auf denen weitere Arbeitsschritte aufbauen, sind in jedem Fall in die Tiefe zu definieren. Aufgaben, deren Erledigung zeitlich weit entfernt liegt, sollten zu Beginn nicht zu sehr konkretisiert werden. Notwendige Korrekturen können dann erhebliche Mehrarbeit auslösen. Entscheiden Sie mit dem Team und den Verantwortlichen über die Tiefe der Definitionen.

Noch ein Tipp zur Benennung: Benutzen Sie für alle Arbeitspakete Formulierungen mit Verben, wie beispielsweise Ist-Analyse durchführen, Pilot-Kriterien entwickeln. So ist Ihnen immer klar, dass die Handlung im Vordergrund steht.

Auf den Punkt

Die Arbeitspakete werden von den verantwortlichen Teammitgliedern mit der oben angeführten Checkliste definiert. Die Aufgaben werden bis zu einem vereinbarten Termin umgesetzt.
Generell sollten Sie klare und konsistente Bezeichnungen wählen. Verwenden Sie keine Abkürzungen, die nur das Team versteht.

Projektstrukturplan im Team

Der Strukturplan wird häufig vom Projektleiter gemacht. Anschließend delegiert er die verschiedenen Arbeiten an seine Mitarbeiter. Ein solches Vorgehen hat leider zur Folge, dass die einzelnen Teammitglieder keinen Überblick über das gesamte Projekt und seine Komplexität erhalten und sich dementsprechend bei der Umsetzung nur auf die Ziele ihres Arbeitspaketes konzentrieren. Eine fehlende gemeinsame Zielorientierung kann zu erheblichen Problemen bei der Umsetzung führen.

Binden Sie Ihr Team also in die Erstellung des Strukturplans ein. Auf diese Weise sorgen Sie dafür, dass alle Beteiligten am gleichen Strang ziehen und ihre Verantwortung für Teilaufgaben effektiv umsetzen. Ein erster Schritt kann beispielsweise im Rahmen eines Start-Workshops erfolgen.

Bei der Erstellung eines Strukturplans im Team können Sie sich an den folgenden fünf Schritten orientieren. Sie benötigen für die Umsetzung zwei Pinnwände, ein Flip-Chart, zehn Blöcke Haftnotizen und Klebeband.

▶ Schritt 1: Sammlung der auszuführenden Aufgaben. Die Ausgangsfrage lautet: »Stellt euch vor, wir haben ein Projekt mit Erfolg beendet. Bei einer Abschlussfeier sitzen alle zusammen und erinnern sich an die einzelnen Stationen.« Oder Sie geben in die Runde: »Wie müssen wir vorgehen, um unsere Ziele zu erreichen?« Geben Sie den Auftrag, je Aufgabe eine Haftnotiz zu nutzen und mit dicken Stiften sehr leserlich zu schreiben.

Lassen Sie den Teammitgliedern ausreichend Zeit nachzudenken. Manche brauchen länger, manche sind schnell fertig – das ist völlig in Ordnung. Natürlich bringen Sie als Projektleiter Ihre eigenen Vorstellungen in die Runde ein. Sorgen Sie während dieser Aufgabe für Ruhe im Raum.

▶ Schritt 2: Aufkleben der Haftnotizen. Aufgaben, die mehrfach erwähnt werden, sollten auf keinen Fall weggeworfen werden. Kleben Sie diese einfach übereinander!

▶ Schritt 3: Analyse der Beziehungen. Was ist Teil wovon? Ordnen Sie nun gemeinsam die Notizen. Das ist ein sehr dynamischer Prozess! Achten Sie darauf, dass Zettel, die nicht sofort eingefügt werden können, auf einem extra Stapel aufgehoben werden und nicht verloren gehen.

▶ Schritt 4: Aufbau und Zusammensetzung einer Projektstruktur in Form einer Hierarchie (Definition der zweiten Ebene und der darunter lie-

Sorgen Sie für eine gemeinsame Zielorientierung

genden Arbeitspakete). Es kann – falls Ihnen nur wenig Zeit zur Verfügung steht – sehr hilfreich sein, wenn Sie die Gliederung der zweiten Ebene schon vorbereitet haben. Dazu würden Sie diese bereits vor Schritt 3 an die Wand kleben. Im Laufe der Diskussion sollten aber selbstverständlich Änderungen der zweiten Ebene durch die Teammitglieder noch möglich sein.

▶ Schritt 5: Ergänzung von fehlenden Projektteilen und Streichung von doppelten Formulierungen. Jetzt geht es darum, gemeinsam die Arbeitspakete zu bestimmen, also die dritte Ebene des Strukturplanes auszuarbeiten. Achten Sie auf die Bündelung in plan- und kontrollierbare Teilaufgaben. Schreiben Sie die Bezeichnung der einzelnen Arbeitspakete auf Karten, und ordnen Sie die Haftzettel diesen zu. So ergeben sich einzelne Pakete und die Haftzettel dahinter weisen auf die ersten Details zur Umsetzung.

Fordern Sie zum Abschluss der fünf Schritte Ihre Projektteammitglieder auf, auf die Karten (das heißt den Arbeitspaketen) mit Bleistift ihren Namen zu setzen, um damit die Übernahme der Verantwortung auszudrücken. Gemeinsam einigen Sie sich bei Doppeleintragungen, wer für das Arbeitspaket schließlich die Letztverantwortung übernimmt. Dokumentieren Sie das gesamte Ergebnis im Protokoll des Workshops. Es ist sehr zu empfehlen, ein Foto Ihrer ersten Baumstruktur zu machen.

Der endgültige Strukturplan sollte dann spätestens ein bis drei Wochen nach dem Start vom Team gemeinsam vereinbart werden.

Auf den Punkt

Orientieren Sie sich bei der Erstellung eines Strukturplans in Teamarbeit an den oben beschriebenen fünf Schritten. Mithilfe der Pinnwände können Sie für alle sichtbar die Komplexität des Projektes zeigen. Durch das gemeinsame Brainstorming sorgen Sie dafür, dass Ihre Mitarbeiter in die Planungsarbeit eingebunden werden. Das fördert Engagement und damit schließlich die Effizienz.

Wenn Sie keinen Start-Workshop abhalten können, dann nehmen Sie sich mit Ihrem Team vier bis fünf Stunden Zeit für den gemeinsamen Aufbau des Strukturplans.

Ablaufplan

Als Nächstes benötigen Sie den so genannten Ablaufplan. Auch hier gilt die Regel: Teamarbeit ist besser als Alleingänge. Nutzen Sie daher wieder den Start-Workshop, um auf dem Projektstrukturplan aufbauend nun den Ablaufplan zu erstellen. Ziel ist es, neben der sachlogischen Verknüpfung, die Arbeitspakete sinnvoll zu koordinieren.

Gehen Sie für die Erstellung folgendermaßen vor: Die verantwortlichen Projektteammitglieder nehmen eine erste Schätzung der Durchlaufzeiten der Arbeitspakete vor und tragen diese auf die Karten des Projektstrukturplans ein. Das impliziert auf diesem Weg natürlich auch eine Res-

Binden Sie Ihr Team in die Ablaufplanung ein

sourcenplanung. Diese ist nicht von der Terminplanung zu trennen. Es kann notwendig sein, manche Arbeitspakete weiter zu unterteilen in so genannte Vorgänge.

Zeichnen Sie nun am oberen Rand von zwei Pinnwänden einen in Monaten unterteilten Zeitstrahl von Projektanfang bis -ende. Nehmen Sie nun die einzelnen Arbeitspakete oder Vorgänge zur Hand und schieben Sie diese gemeinsam so lange auf den Tafeln hin und her, bis alle Teammitglieder einverstanden sind. Hier kommt es oft zu heftigen Diskussionen. Achten Sie darauf, dass sich alle Verantwortlichen aktiv mit ihrer Fachkompetenz einbringen.

Denken Sie bei der Ablaufplanung daran, dass eine parallele und sequentielle Umsetzung der Arbeitspakete möglich ist – soweit es die Ressourcen zulassen. Sorgen Sie zugleich für bestimmte Pufferzeiten zwischen den Teilaufgaben, denn es kann immer zu unvorhergesehenen Verzögerungen kommen. Als grobe Richtlinie gilt hier:

Einen Tag Luft einplanen!

Hilfreich für die Planung ist die Unterscheidung, in welcher Beziehung ein Vorgang zu den jeweils anderen steht:

▶ Ende-Anfang (EA): Vorgang B kann erst anfangen, wenn Vorgang A beendet ist. Das ist die so genannte Normalfolge.
▶ Anfang-Anfang (AA): Vorgang B kann erst anfangen, wenn Vorgang A angefangen hat.
▶ Ende-Ende (EE): Vorgang B kann erst enden, wenn Vorgang A beendet ist.

▶ Anfang-Ende (AE): Vorgang B kann erst enden, wenn Vorgang A angefangen hat.

Machen Sie sich klar, dass die technischen und handlungslogischen Abhängigkeiten nicht veränderbar sind. Nur organisatorische und personelle Abhängigkeiten können Sie verändern, indem Sie beispielsweise zusätzliches Personal einsetzen oder Überstunden anordnen.

Sie haben nun die Arbeitsschritte geordnet. Sie kennen außerdem die Zusammenhänge zwischen den einzelnen Vorgängen. Welche Arbeiten bauen aufeinander auf, und welche können parallel verfolgt werden?

Lassen Sie etwas Luft zwischen den Teilaufgaben

Sie haben damit einen weiteren wesentlichen Planungsschritt im Team geschafft. Da die genaue Beschreibung der Arbeitspakete erst nach dem Start-Workshop von den einzelnen Verantwortlichen erfolgt, ebenso der gemeinsame Projektstrukturplan erst in den nächsten Wochen verabschiedet wird, heißt das für den Ablaufplan: Nach Vorliegen dieser Ergebnisse hat eine Optimierung noch zu erfolgen.

Auf den Punkt

Nach dem Strukturplan erstellen Sie einen Ablaufplan. Hier werden die einzelnen Arbeitspakete sachlogisch in Beziehung zueinander gesetzt und zeitliche Abfolgen geplant. Arbeiten Sie auch jetzt wieder eng mit Ihrem Team zusammen. Zeichnen Sie auf Pinnwände einen in Monaten untergliederten Zeitstrahl, und ordnen Sie die Karten ein, nachdem die Verantwortlichen eine erste Schätzung der Dauer einzelner Arbeitspakete beziehungsweise Vorgänge vorgenommen haben. Lassen Sie allen Beteiligten genügend Raum für Diskussionen. Nur so bringt jeder seine Kompetenzen ein und fügt sich nachher in die gemeinsame Planung.

Für das nächste Mal

Der Projektstrukturplan ist das Herzstück eines Projekts. Planen Sie bei Ihren Vorbereitungen immer genügend Zeit ein für die gemeinsame Erstellung (zum Beispiel in einem Start-Workshop). Teammitglieder und andere Beteiligte sollten je nach Art des Projekts einbezogen werden.
Auf der Basis des Strukturplans übernimmt jedes Projektteammitglied die Verantwortung für bestimmte Arbeitspakete. Dies sollte möglichst der eigenen Motivation entsprechen. Sie sollten als Projektleiter also keine Aufträge verteilen, sondern jedes Teammitglied greift sich »seine« Arbeitspakete selbst heraus.
Bei der Ablaufplanung ordnet das Team die einzelnen Aufgaben auf einem Zeitstrahl an.
Als Leitfaden sollten Sie im gesamten Prozess der Umsetzung immer wieder die Frage in die Runde geben: Erreichen wir damit unsere Projektziele?

Termine und andere Planungsinstrumente

Die zentralen Projektpläne – Strukturplan und Ablaufplan – haben Sie nun schon geschafft. Diese sind die Basis für alle weiterführenden Schritte, was Termine, Ressourcen, Kosten und das Projektinformationswesen betrifft. Je sauberer Sie die Projektpläne erstellt haben, desto leichter fallen Ihnen die folgenden Arbeiten.

Termine

Bei der Terminplanung wird zwischen Detail- und Grobterminplänen unterschieden. Der folgend vorgestellte so genannte Meilensteinplan gehört zu der Gruppe der Grobterminpläne, während der Balkenplan ein Detailterminplan ist.

Grundsätzlich gilt: Bei sich wiederholenden Projekten kann – aufgrund des Erfahrungswertes – gleich ein detaillierter Terminplan angelegt werden. Bei neuen Projekten ist es dagegen sinnvoll, erst den ganzen Zeitraum grob zu schätzen und die Detailterminplanung dann jeweils schrittweise für die nächsten ein bis zwei Monate festzulegen.

Worauf Sie bei der Terminplanung achten sollten:

- ▶ realistische Termine,
- ▶ Akzeptanz von Terminen,
- ▶ Unterscheidung zwischen Arbeits- und Durchlaufzeiten,

Planen Sie realistische Termine

- ▶ politisches Diktat von Terminen,
- ▶ »Experten wissen alles besser«,
- ▶ Havarieprojekte (Sie können nur noch reagieren!),
- ▶ Berücksichtigung des Alltags,
- ▶ genügend Flexibilität,
- ▶ Änderungen infolge von Änderungen,
- ▶ Änderungen aktualisieren und kommunizieren.

Meilensteinplan

Machen Sie auf jeden Fall einen Meilensteinplan für jedes Projekt. In diesem finden Sie die Arbeitspaket-Nummer, dessen Bezeichnung, den Meilenstein, den Basistermin, den Soll-Termin und den Ist-Termin. Die Basistermine werden sozusagen mit dem Projektauftraggeber eingefroren. Sie stimmen zu Projektbeginn und bestenfalls auch am Projektende mit den Soll-Terminen überein. Im Verlauf kann es aber notwendig sein, die Soll-Termine neu zu planen. Achten Sie darauf, dass eine Verschiebung, die auf das Projektende wirkt, sofort auch dem Auftraggeber mitzuteilen ist.

Meilensteinplan

Arbeits-paket-Nr.	Arbeitspaket-Bezeichnung	Meilenstein	Basis-Termin*	Soll-Termin	Ist-Termin
1.1.1.	Projektstart durchführen	Projektstart abgeschlossen	13.9.	13.9.	

*Die Basistermine vereinbaren Sie zu Beginn mit dem Auftraggeber!

Meilensteine sind zentrale Projektereignisse, wie beispielsweise:

▶ Anfang und Ende des Projektes – Muss-Meilensteine,
▶ Start und/oder Abschluss von einzelnen Projektphasen,
▶ Go- und No-go-Punkte,
▶ Abnahmedaten,
▶ Kontrollpunkte,
▶ Zahlungspunkte, Finanzmittelfreigabe,
▶ Entscheidungen,
▶ Ereignisse aufgrund von externen Einflüssen (wie Genehmigungen und Lieferungen).

Meilensteine haben eine Dauer von null! Legen Sie Termine im Abstand von vier bis sechs Wochen fest. Sind vom Auftraggeber bereits Meilensteine vorgegeben, so belassen Sie dies nicht dabei. Terminieren Sie weitere zentrale Ereignisse.
Im Start-Workshop bestimmen Sie im Team auf Basis des Projektstrukturplans die zentralen Projektereignisse. Alle Teilnehmer des Workshops gehen in jedem Fall mit der Grobterminplanung nach Hause.

Setzen Sie regelmäßige Meilensteine

Balkenplan

Zur Detailterminplanung eignet sich der Balkenplan (Gantt-Diagramm, Gantt-Chart). Die Grundlage dafür ist ein sauberer Projektstrukturplan beziehungsweise Projektablaufplan. Da Sie Dauer, Start und Ende der Arbeitspakete oder Vorgänge bestimmt haben, können Sie dies anhand eines Balkens im Zeitplan sehr leicht abbilden.

Balkenplan

Nr.	Vorgang	Durchlaufzeit t	Anfang Ende	08	09	10
1.1.1.	Projektstart durchführen					
1.1.2.						

Mit der entsprechenden Projektmanagement-Software ist der Balkenplan sehr einfach zu erstellen. Denken Sie auch an mögliche Optimierungen Ihres Terminplans, beispielsweise durch mehr Überlappungen im Projektablauf.

Auf den Punkt

Der Meilensteinplan ist ein Instrument, auf das Sie nicht verzichten sollten. Setzen Sie in Ihrem Projektablauf alle vier bis sechs Wochen einen Meilenstein. Erstellen Sie zusätzlich einen detaillierten Balkenplan. Basis ist der Projektstrukturplan.
Sämtliche Terminänderungen, die das vereinbarte Projektende gefährden, müssen Sie sofort mit dem internen Auftraggeber besprechen.

Ressourcen

Unterscheiden Sie zunächst zwischen den verschiedenen Projektressourcen: Zu den einmalig verwendbaren Mitteln zählen unter anderem Material, Energie, Budget, also Güter, die nach dem einmaligen Gebrauch erschöpft sind. Auf bestimmte Ressourcen, wie zum Beispiel Personal, personenunabhängiges Wissen (wie Verfahrensmethoden), Betriebsstätten, können Sie dagegen immer wieder zurückgreifen. Untergliedern Sie bei den Ressourcen nach Personal und Sachmitteln. Wie bei den Terminen dient der Strukturplan und der Ablaufplan als Grundlage:

Welche Ressourcen benötigen Sie?

▶ Schritt 1: Legen Sie fest, welche Arten von Ressourcen im gesamten Projekt beziehungsweise in den einzelnen Arbeitspaketen gebraucht werden.
▶ Schritt 2: Entscheiden Sie, welche Ressourcen Sie planen müssen. Dies gilt für die so genannten Engpassressourcen, die das Projektziel beeinflussen. Hierzu zählt der Bedarf an Personal mit bestimmten Qualifikationen.
▶ Schritt 3: Definieren Sie den Ressourcenbedarf für die einzelnen Arbeitspakete im zeitlichen Ablauf. Beim Personal rechnen Sie hier mit Arbeitszeiten!

Planung des Ressourcenbedarfs nach Arbeitspaketen

Arbeitspaket-Nr.	Bezeichnung	Ressourcenart	Menge je Zeiteinheit	Einsatzdauer in Tagen	Menge gesamt in Tagen
1.1.1.	Projektstart	Personal	6 Teammitglieder	8 Tage	48 Tage
1.1.2.	Projektstart	Personal	1 Projektleiter	10 Tage	10 Tage

Ressourceneinsatzpläne oder Kapazitätsterminpläne sind tabellarische beziehungsweise grafische Darstellungen des Ressourcenbedarfs im Zeitablauf. Sie bieten den Verantwortlichen einen sehr guten Überblick über die eigenen Arbeitspakete.

Sie können auch für einzelne Ressourcen, beispielsweise das Teammitglied Herrn Mayer, so genannte Bedarfsprofile anfertigen. Diese stellen die Einsatzstunden über der Zeitachse grafisch oder tabellarisch dar. Sie erkennen damit projektbezogene Über- oder Unterdeckungen und können diese ausgleichen.

Auf den Punkt

Planen Sie Personal- und Sachmittel auf Basis Ihres Projektstruktur- und Projektablaufplanes.
Lassen Sie sich nicht zu unrealistischen Einschätzungen hinreißen! Berücksichtigen Sie bei Ihren Projektteammitgliedern und Projektmitarbeitern unproduktive Zeiten, unvorhergesehene Ausfallzeiten, Urlaub, geplante Seminar- und Messebesuche sowie Sitzungszeiten. Die Vor- und Nachbereitung von Projektsitzungen ist hier ebenso abzubilden.

Eine mangel- oder fehlerhafte Einsatzplanung von Ressourcen wirkt sich negativ aus auf Termine, Kosten, Ziele und Engagement der Teammitglieder. Wenn Ihre Mitarbeiter immer mehr Überstunden leisten müssen, um Planungsdefizite und Probleme auszugleichen, bleibt ihnen keine Zeit zur Regeneration. Langfristig ist das ein hoher

Preis. Schaffen Sie gute Arbeitsbedingungen für Ihre Teammitglieder, dann bleiben Sie dem Projekt auch verbunden.

Kosten

Bei der Erstellung der Projektkostenplanung rufen Sie sich Ihre betriebswirtschaftlichen Kenntnisse in Erinnerung. Folgende Begriffe werden Ihnen von Nutzen sein:

Erstellen Sie Kostenpläne

▶ variable Kosten (abhängig vom Beschäftigungsgrad) und fixe Kosten,
▶ Einzelkosten und Gemeinkosten (beispielsweise Mitnutzung Fuhrpark, Büroräume und Personalbetreuung),
▶ Kostenartenrechnung (Welche Kosten fallen in welcher Höhe an?), Kostenstellenrechnung (Wo fallen die Kosten an?), Kostenträgerrechnung (Kalkulation) – Einzelkosten werden direkt dem Kostenträger zugerechnet, Gemeinkosten werden in Kostenstellen erfasst und mit Zuschlagsätzen den Kostenträgern zugerechnet.

Die Basis für die Projektkostenplanung ist der Projektstrukturplan sowie Termin- und Ressourcenpläne. Ein Kostenplan beinhaltet die eingesetzten Mittel, die einen Kostenaufwand oder eine direkte Geldausgabe verursachen, also Projektmitarbeiter, Benutzung von Räumen, direkte Kosten wie Spesen oder Versicherung.

Kostenpläne können für ein Arbeitspaket, einzelne Objektteile und das gesamte Projekt erstellt werden. Sie brauchen Kostenpläne für die Überwachung der auflaufenden Kosten, die Erstellung eines Finanzplans und für die Kalkulation, um Aufwand und Nutzen zu sehen und auch einen Preis für den Kunden festzusetzen. Erstellen Sie einen Kostenplan nicht nur für externe Projekte, sondern genauso für Ihre internen Projekte.

Definieren Sie im Team, welche Kostenarten (Personal-, Sachmittel-, Fremdleistungen und andere) in Ihrem Projekt anfallen. Sie arbeiten in der Planungsphase mit Plankosten (zukünftige Preise oder Ist-Werte aus einem bereits abgeschlossenen vergleichbaren Projekt). Greifen Sie auf die Ressourcenplanung zurück, diese wird dann nicht ausreichen, wenn Sie sich auf die Planung der Engpassressourcen beschränken.

Zur Errechnung der einzelnen Arbeitspaketkosten: Multiplizieren Sie die Planmengen mit dem Planpreis je Kostenart. Wenn Sie die gesamten Arbeitspaketkosten addieren, gewinnen Sie die Gesamtkosten Ihres Projektes.

Verbinden Sie nun die Daten aus der Ressourcen- und Kostenplanung mit der Terminplanung. So erhalten Sie die so genannte kumulierte Gesamtkostenkurve des Projektes im Zeitablauf. Wahlweise können Sie auch Grafiken mit den Kosten je Periode erstellen. In der Start- und Abschlussphase ist der Kostenanfall in der Regel geringer als in der Umsetzungsphase.

Kostenverantwortungsrechnungen erhalten Sie durch Bündelung von einzelnen Arbeitspaketen in internen Aufträgen, die an Teammitglieder ergehen (= Verantwortungszuordnung).

Die Kostenplanung ist also Ihre Grundlage für die Kalkulation. Oft wird mit Schätzungen auf Basis von Erfahrungswerten gearbeitet. Vergessen Sie nicht den abschließenden Abgleich!

Auf den Punkt

Basis für die Kostenplanung ist Ihr Projektstrukturplan. Im Team haben Sie festgehalten, welche Kosten anfallen.
Bestimmen Sie nun je Arbeitspaket die entsprechenden Mengen- und Zeitgerüste. Wenn Sie die Planmenge und den Planpreis multiplizieren, erhalten Sie Arbeitspaketkosten. Sie addieren diese Kosten, und Sie haben die Gesamtkosten Ihres Projektes.

Projektinformationswesen

Das Informationswesen beinhaltet im Wesentlichen:

▶ die Informationsverteilung (Projektpräsentationen, Teamsitzungen, Start-Workshop),
▶ die Projektdokumentation (wie zum Beispiel Auftrag, Sitzungsprotokolle),
▶ das Projektmarketing.

Nehmen Sie nun noch einmal die anfangs erstellte tabellarische oder grafische Umweltanalyse zur Hand. Hier sehen Sie die Empfänger (Wen?) Ihrer Informationen. Achten Sie darauf, dass Ihre Projektinformationen folgende Fragen beantworten:

▶ Was? (Inhalt, Ergebnis der Informationen),
▶ Wozu? (Auswirkung auf die Zielerreichung),

Wen müssen Sie über Ihr Projekt informieren?

- ▶ Wer? (Ersteller und Absender der Informationen),
- ▶ Wie? (Form der Informationen, zum Beispiel Standards bei der Dokumentation, und Methoden wie Mail, Brief und andere),
- ▶ Wann? (Verteilung der Informationen),
- ▶ Wo? (Rahmen und Umfeld der Informationsverteilung).

Unterschätzen Sie nicht die Bedeutung von regelmäßigen Informationen und gut organisierten Kommunikationswegen – sie sind unabdingbar für eine erfolgreiche Arbeit. Beachten Sie dabei, dass mit steigender Stellung des Adressaten auch die Informationen verdichtet werden müssen. Der Projektleiter benötigt beispielsweise wesentlich detailliertere Unterlagen als der Auftraggeber.

Die Projektdokumentation dient zur Aufzeichnung und Verfolgung des Projektablaufs und den späteren Know-how-Transfer in andere Projekte. Egal, wer in der Dokumentation blättert, jeder sollte sich mit diesen Unterlagen problemlos auf den neuesten Stand bringen können, und auch nach Projektende sollte das Projekt jederzeit leicht nachzuvollziehen sein. Gliedern Sie Ihre Dokumentation deshalb auf Basis des Projektstrukturplans.

Treffen Sie gemeinsam mit Ihrem Team die Vorkehrungen für ein geeignetes Ablagesystem, wie beispielsweise den Platz für Ordner oder die Darstellung in Ihrer EDV. Stellen Sie beim Ablageort sicher, dass dieser für alle Teammitglieder leicht zugänglich ist.

Auf den Punkt

Achten Sie bei den Projektinformationen und Ihren relevanten Umwelten auf eine entsprechende Qualität. Sehen Sie diesen Bereich auch als ein Instrument eines erfolgreichen Marketings. Mit einer guten Informationspolitik akzeptiert man im Unternehmen Ihr Projekt, und Sie kommunizieren die Erfolge Ihrer Arbeit.

Die Dokumentation gliedern Sie entsprechend dem Projektstrukturplan. So können alle Teammitglieder auf die Fakten und Abläufe zugreifen. Treffen Sie eine gemeinsame Entscheidung über das Ablagesystem. Sorgen Sie für klare Dokumentationsregeln, die allen Projektmitarbeitern bekannt sind.

Projektsitzungen

Projektsitzungen sind ein weiterer wichtiger Bestandteil der Informationspolitik. Darüber hinaus sind sie ein zentrales Führungsinstrument für den Teamleiter. In den Sitzungen werden schließlich nicht nur wichtige Informationen ausgetauscht, Ziele vereinbart und Entscheidungen getroffen, sondern Sie können die Gelegenheit nutzen, hier Ihre Mitarbeiter zu führen und zu motivieren.

Legen Sie schon in der Startphase fest, welche Sitzungen es zukünftig geben wird. Denkbar wäre beispielsweise ein Kick-off-Meeting, ein Start-Workshop, Auftraggeber-, Team- und Subteamsitzungen.

Orientieren Sie sich für die Aufzeichnung an der folgenden Checkliste:

Vereinbaren Sie regelmäßige Projektsitzungen

Projektsitzungen

Bezeichnung Sitzung	Ziele, Inhalte (Was? Wozu?)	Teilnehmer (Wer?)	Termin (Wann?)	Häufigkeit und Dauer (Wie oft und wie lange?)	Ort und Rahmen (Wo?)	Protokollersteller	Verteiler (An wen?)
Projektstart-Workshop	………	Projektteam, Führungskräfte des Kunden	8./9.10.	einmalig 2 Tage München	Hotel Momentan	Friedrich Rauch	Teilnehmer GF
P-AG Sitzung	Präsentation Projektstand, Thematisierung von Abweichungen	Projektleiter GF	1. Mittwoch im Monat um 9.00 Uhr	Monatlich 2 Stunden	Büro der GF	Projektleiter	Teilnehmer

GF = Geschäftsführerin, P-AG = Projektauftraggeber

Selbstverständlich können Sie die Liste auch auf die Punkte Sitzung, Ziele, Teilnehmer, Häufigkeit und Dokumentation beschränken.

Legen Sie schon zu Projektbeginn gemeinsam genaue Termine für Treffen mit dem Auftraggeber und Teamsitzungen fest, und tragen Sie diese sofort in den Kalender ein. Diese sind für alle verbindlich! Die Organisation von Einzelterminen ist sehr aufwändig und würde Ihr knappes Zeitbudget nur unnötig strapazieren.

Bei Subteamsitzungen können Sie in den Spalten Häufigkeit und Dauer »nach Bedarf« eintragen. Hier sollten die Experten selbst entscheiden, wie sie die Arbeit koordinieren wollen. Sie sollten aber keinesfalls auf die Erfassung verzichten, denn Zeit und Kosten dieser Treffen müssen ebenfalls in Ihre Termin- und Ressourcenplanung einfließen.

Jede Sitzung sollten Sie konsequent vor- und nachbereiten. Legen Sie für alle Treffen die Themen (Agenda) fest, deren Reihenfolge und ein Zeitbudget für jeden Tagesordnungspunkt :

- ▶ Vereinbarung der Ziele (Sitzungsanlass),
- ▶ Tagesordnungspunkte und Ergebnisse der Sitzung,
- ▶ Festlegen der nächsten Sitzung (Zeit, Ort, Tagesordnung),
- ▶ Aufgabenverteilung bis zur nächsten Sitzung mit Terminen und Verantwortlichen (To-do-Liste, Protokoll),
- ▶ Sonstiges.

Besprechen Sie Dringendes zuerst

Bei der Erstellung der Tagesordnung verfahren Sie nach dem Prinzip: Wichtiges und Dringliches zuerst. Berücksichtigen Sie aber bei der Planung, dass die Konzentrationsfähigkeit Ihrer Mitarbeiter auch Grenzen hat. Gönnen Sie ihnen zwischendurch immer wieder Pausen, sorgen Sie für ausreichend frische Luft, Getränke und auch für eine Zwischenmahlzeit. Als sehr brauchbare Regel hat sich erwiesen: Vermeiden Sie die Diskussion von speziellen Einzelproblemen!

Versenden Sie an alle Teilnehmer rechtzeitig eine Einladung, die enthalten sollte: Ziel der Sitzung, Tagesordnung, Ort, Zeit, Dauer und die eingeladenen Personen. Zudem sollten allen Beteiligten im Vorfeld die notwendigen Unterlagen, die von Einzelnen erarbeitet wurden, übergeben werden, damit sie vorbereitet in die Sitzung gehen können. Grundvereinbarung im Team sollte daher sein: kein Tagesordnungspunkt ohne (schriftliche) Vorbereitung!

Lassen Sie zu allen Sitzungen Protokolle anfertigen. Sie stellen einen Teil der Dokumentation dar und ermöglichen die Kontrolle der Vereinbarungen. Ergebnisprotokolle sind meist sinnvoller als Verlaufsprotokolle. Letztere beschreiben den Verlauf der gesamten Sitzung, sind also oft recht unübersichtlich. Andererseits können Sie so später den Weg einer Entscheidung nachvollziehen.

So ist es beispielsweise gut, nur den Start-Workshop mit einem Verlaufsprotokoll zu dokumentieren, bei allen weiteren Sitzungen aber ausschließlich Ergebnisprotokolle zu verwenden.

Auf den Punkt

Legen Sie bereits zu Projektbeginn Ihre Projektsitzungen fest. Versenden Sie die Einladungen zu den Sitzungen rechtzeitig, und achten Sie auf eine gute Vorbereitung der einzelnen Tagesordnungspunkte durch den Verantwortlichen. Entscheiden Sie mit Ihrem Team über eine Protokollvorlage.

Qualität

Es gibt ausgeklügelte Methoden und Instrumente des Qualitätsmanagements. Nutzen Sie sie! So können Sie von Anfang an höchstes Niveau anstreben und müssen keine Fehler am fertigen Produkt beheben. Stimmen Sie sich frühzeitig mit dem Kunden ab hinsichtlich der Qualitätsmerkmale des Produkts. Alle Teammitglieder sollten mitwirken, diese Ziele zu erreichen. Überlegen Sie gemeinsam, mit welchen Prüfinstrumenten Sie arbeiten wollen.

Auf jeden Fall empfehlenswert: Besorgen Sie sich das Qualitätsmanagement-Handbuch Ihres Unternehmens oder Unternehmensbereiches. Hier finden Sie alle bewährten und auf Ihre Produkte abgestimmten Methoden auf einen Blick. Zusammen mit den firmeninternen Standards verfügen Sie damit über die wesentlichsten Unterlagen, um Projektmanagement gleichzeitig auch als Qualitätsmanagement zu betreiben.

Für das nächste Mal

Der Meilenstein- und der Balkenplan ermöglichen Ihnen die Darstellung der wichtigsten Termine. Dazu planen Sie auch Ihre Ressourcen. Bestimmen Sie die Gesamtkosten des Projektes, indem Sie die Kosten je Arbeitspaket ermitteln und anschließend addieren.

Erstellen Sie ein festes Informationssystem, in das alle Projektumwelten einbezogen werden. Bei der Erstellung des Informationsmaterials achten Sie darauf, dass alle W-Fragen (wer, was, wie, an wen ...) beantwortet werden. Notwendige Sitzungen legen Sie schon zu Beginn fest. Wichtig ist darüber hinaus eine genaue Vor- und Nachbereitung der Termine. Das hilft Ihnen, für einen geordneten und effizienten Sitzungsverlauf und eine Kontrolle der Ergebnisse zu sorgen.

Mit dem Kunden legen Sie in der Planungsphase messbare Qualitätskriterien für das Projekt fest.

Besprechen Sie mit Ihrem Kunden die Qualitätsmerkmale

Projektrealisierung

Nun ist die Planungsphase Ihres Projektes abgeschlossen, und es geht an die Realisierung. Hierbei handelt es sich um:

- ▶ die konkrete Produkterstellung,
- ▶ das Projektcontrolling im Sinne von Überwachung und Steuerung.

Controlling

Der Bereich des Controllings umfasst die gesamte Projektlaufzeit. Die Überwachung und Steuerung kann auf der Ebene des Gesamtprojekts, der Arbeitspaket-Gruppen, der Arbeitspakete selbst oder der ihnen untergeordneten Vorgänge erfolgen.

Der Projektleiter ist dabei für den gesamten Umfang verantwortlich, die Teammitglieder für ihre Arbeitsbereiche und der interne Auftraggeber für die Einbettung des Projektes in das Unternehmen. Die Aufgaben des Controllings sind beispielsweise:

- ▶ die verschiedenen Umsetzungsphasen analysieren und bewerten,
- ▶ Prognosen erstellen,
- ▶ Fehlentwicklungen verhindern,
- ▶ Krisen frühzeitig erkennen,
- ▶ Maßnahmen festlegen und einleiten.

Mitunter werden Sie die Planungen aktualisieren müssen, also Eingaben in die »rollierende« Projektplanung machen.

Die Steuerung ist eine zentrale Aufgabe des Controllings. Sie beinhaltet die Führung und Motivation der Mitarbeiter, die Begleitung der aktuellen Arbeitspakete, die Koordination der einzelnen Arbeiten, das Informationswesen sowie das Fällen oder Einholen von Entscheidungen.

Beantworten Sie zur Vorbereitung des Controllings gemeinsam mit Ihrem Team die W-Fragen:

Erkennen Sie Krisen frühzeitig

▶ Was? Betrachtungsobjekte sind Projektziele, Quantität und Qualität der Leistungen, Termine, Kapazitäten, Ressourcen, Kosten, Projektumweltbeziehungen, Einflüsse von außen, Projektkultur, Team.
▶ Wozu? Beispielsweise Zielerfüllungsgrad, Qualitätssicherung.
▶ Wie? Art und Weise, Hilfsmittel, Handhabung von Abweichungen, Art der Informationspolitik.
▶ Wer? Verantwortliche.
▶ Wann? Zeitliche Abstände, Termine.
▶ Wo? Rahmen und Umfeld.

Machen Sie die Abstände der einzelnen Prüfungen von Laufzeit und Komplexität des Auftrags abhängig. Sinnvoll kann dabei sein, unterschiedliche Zyklen in den verschiedenen Realisierungsphasen zu beschließen. Für kleinere und mittlere Projekte können Sie einen Rhythmus von vier bis sechs Wochen wählen. Die Überwachung des aktuellen Projektstatus erfolgt in vier Schritten:

- Schritt 1: Erfassung des aktuellen Standes (Ist-Daten) bezogen auf die vereinbarten Betrachtungsobjekte.
- Schritt 2: Soll-Ist-Vergleiche.
- Schritt 3: Analyse der Abweichungen, das heißt Ursachen und Gründe der Abweichungen erfassen und Auswirkungen im weiteren Verlauf abschätzen.
- Schritt 4: Bewertung der Abweichungen bezogen auf Projektziel und Konsequenzen der Abweichungen für den Projektverlauf.

Sie können beim Controlling auf verschiedene Instrumente zurückgreifen, wie beispielsweise Soll- und Ist-Vergleiche sowie Trendanalysen (etwa Kostentrendanalyse).

Für eine rasche Darstellung des aktuellen Projektstands nutzen Sie am besten den grafischen Strukturplan (Baumstruktur). Auf der Ebene der Arbeitspakete finden Sie den Punkt Leistungsfortschritt. Hier wird den einzelnen Ergebnissen eines Pakets eine Prozentzahl (in Summe 100 Prozent je Paket) zugeordnet. Übertragen Sie die Zahlen der erledigten Schritte in den Strukturplan, dann erhalten Sie einen guten Überblick über den Status des Projekts. Auch Ihre Kunden können Sie auf diese Weise sehr schnell über den Fortschritt informieren.

Im Rahmen des Controllings sollten Sie auch dafür sorgen, dass je nach Vereinbarung wichtige Projektbeteiligte regelmäßig über den Fortschritt informiert werden. Am besten ist dafür ein monatlicher Leistungs- oder Fortschrittsbericht geeignet. Dieser könnte etwa so aussehen:

Projekt .... Projektleiter: ....

Fortschrittsbericht per...
....

Status gesamt (kurze Beschreibung der aktuellen Gesamtsituation)

_____

_____

Status Leistungsfortschritt (Darstellung von Abweichungen)

Arbeitspaket (AP) ...... :

Arbeitspaket (AP) ...... :

Interpretation/Maßnahmen: (Abweichungen begründen!)

Was gedenken Sie zu tun? (Zu erwartende Verzögerung nach Intervention)

_____

_____

_____

Status Termine (Darstellung Terminverschiebungen)

AP   Plan   Aktualisiert   Ist

Interpretation/Maßnahmen:

_____

_____

_____

Status Ressourcen/Kosten (Darstellung von Abweichungen)
AP   Plan   Aktualisiert   Ist
Interpretation/Maßnahmen: s.o.

_____

_____/___

Status Umweltbeziehungen/Kontext (Darstellung von Veränderungen bezogen auf aktuelle Projektphase)

Interpretation/Maßnahmen:

_____

Status Projektteam
(kurze Beschreibung der Teamsituation: Teamstatus, P-AG-Zusammenarbeit, Probleme im Team)

Interpretation/Maßnahmen:
Falls es Probleme gibt, was gedenken Sie zu tun?

_____

Verteiler:
P-Team
P-Leiter
P-AG

_____

Anhang:
Projektstrukturplan mit aktueller Prozent-Übersicht in % ....

Erstellt von:

Unterschrift und Datum:

Auf den Punkt

Von besonderer Bedeutung ist das regelmäßige Controlling. Nutzen Sie einen Fortschrittsbericht als Informationsmittel für alle Beteiligten. Die Ergebnisse des Controllings fließen in einem permanenten Prozess wieder in die »rollierende« Projektplanung ein. Zieländerungen müssen sofort mit Ihrem Auftraggeber besprochen werden. Das gilt auch umgekehrt: Alle Entscheidungen des Kunden übermitteln Sie unverzüglich Ihrem Team – am besten schriftlich!

Projektleitung

Das Team und die Führung spielen im Projektmanagement eine wichtige Rolle. Machen Sie sich als Projektleiter also Ihre Verantwortung bewusst!

»Je mehr die Macht des Menschen wächst, desto größer wird seine Verantwortung«, diesen Ausspruch kennen Sie bestimmt. Macht ist eine Herausforderung und kein Problem. Dafür benötigen Sie Wissen. Als Projektleiter sollten Sie sich in folgenden Bereichen ständig weiterbilden und Ihre Leistung auch immer wieder selbstkritisch reflektieren:

▶ Management,
▶ Kommunikation,
▶ Motivation,
▶ Führung,
▶ Konfliktmanagement,
▶ Teamarbeit.

Kommunizieren Sie Abweichungen an Ihren Auftraggeber

Bauen Sie nicht nur auf Ihre Stärken, sondern stellen Sie sich auch Ihren Schwächen. Denken Sie außerdem über eigene oder persönliche Werte nach, die Ihnen bei Ihrer Arbeit wichtig sind.

Bei der Projektarbeit sind Sie natürlich auch abhängig von verschiedenen Machtfaktoren. Machen Sie sich die Entscheidungsstrukturen in Ihrem Unternehmen und bei Ihrem Auftraggeber klar. Wenn Sie neu in der Firma sind, fragen Sie Kollegen. Wer das Sagen hat, ist selten ein Geheimnis. Mit diesem Wissen können Sie dann eine gezielte Informationspolitik betreiben. Das ist wichtig für Ihren Erfolg!

Darüber hinaus gibt es in jedem Unternehmen formelle und informelle Regeln und Werte, die so genannte »Spielwiese«, an die Sie sich halten müssen, wenn Sie nicht durch Unwissenheit Rückschläge erleiden wollen. Gerade für Berufseinsteiger oder nach einem Stellenwechsel können manche Regeln in einem Unternehmen noch schwierig sein. Lassen Sie sich Zeit! Lernen Sie nach und nach die Strukturen kennen. Sollten Sie mit manchem nicht einverstanden sein, lehnen Sie dies nicht gleich ab. Dies schließt jedoch nicht aus, gelegentlich Kritik zu äußern – vielleicht können Sie ja überzeugen.

Ein weiterer Beweis Ihrer Führungsqualitäten ist Ihre kommunikative Haltung. Seien Sie offen für alle Anfragen, und beantworten Sie diese immer offen. So müssen Sie später keine falschen Vermutungen richtig stellen oder ständig Rechenschaft ablegen über Ihre Arbeit. Zudem erhöhen Sie die Unterstützung und die Motivation Ihrer Mitarbeiter. Hohe Transparenz ist also letztlich eine Schutzfunktion für Ihr Projekt und Ihr Team. Vermeiden Sie bei Ihrer Arbeit typische Führungsfehler:

- ▶ Erwartungen an die Mitarbeiter werden unklar und nicht konkret formuliert.
- ▶ Die Mitarbeiter werden bei der Zielvereinbarung nicht beteiligt.
- ▶ Den Mitarbeitern wird keine selbstständige Arbeit zugetraut, und sie werden ständig kontrolliert.
- ▶ Bei Stress wird autoritär reagiert.
- ▶ Bei Konflikten zwischen zwei Mitarbeitern wird eine Seite unterstützt, weil diese im ersten Augenblick vernünftiger aussah.
- ▶ Die Leistungen der Mitarbeiter werden nicht anerkannt.
- ▶ Eigene Unzulänglichkeiten werden den Mitarbeitern angelastet.

Denken Sie über Ihre eigenen Führungsschwächen nach und versuchen Sie, zukünftig positiv damit zu arbeiten.

Kommunikationstipps

Jedes Team ist unterschiedlich – das ist jedes Mal eine neue Herausforderung. Als Projektleiter legen Sie gemeinsam mit den Teammitgliedern die Grundregeln der Kommunikation fest, achten auf ihre Umsetzung und vermitteln bei Konflikten. Sie sind das Vorbild, an dem sich das Team orientiert.
Das Team könnte negativ auf Sie reagieren, wenn Sie:

Machen Sie sich mit Regeln und Werten vertraut

- befehlen, warnen und drohen: »Wenn Sie das nicht machen, thematisiere ich das bei Ihrem Vorgesetzten.«
- überreden: »Kommen Sie, glauben Sie mir, das ist der beste Weg.«
- Vorwürfe machen: »Das habe ich mir gerade von Ihnen nicht erwartet, Sie sind an allem Schuld.«
- generalisieren: »Von euch ist doch keiner besser ...«
- bewerten: »Das ist eine völlig falsche Sichtweise.«
- herunterspielen, nicht ernst nehmen, ironisieren und verspotten: »Das ist doch lächerlich, Ihre Ansicht bringt uns nicht im Geringsten weiter.«
- ständig von sich selbst reden.

Einen positiven Gesprächsverlauf erzielen Sie dagegen, wenn Sie:

- mit Ihren eigenen Worten bestimmte Inhalte wiederholen: »Soweit ich das bisher verstanden habe, geht es um ...«
- zusammenfassen: »Lassen Sie mich das bisher Gesagte zusammenfassen, und korrigieren Sie mich, wenn ich etwas falsch verstanden habe.«
- in Beziehung setzen: »Wenn Sachverhalt A so zu verstehen ist, dann ist Sachverhalt B folgendermaßen gemeint.«
- nachfragen: »Was ist hier konkret gemeint? Wozu machen wir das? Wann sollte das konkret fertig sein?«

- Denkanstöße geben: »Mir ist durch das bisher Gesagte klar geworden, dass ... und das würde doch heißen ...«
- Wünsche herausarbeiten: »Was konkret erwarten Sie, wenn dieses oder jenes eintritt ...«

Verwenden Sie in den Gesprächen mit Ihren Teammitgliedern so genannte Ich-Botschaften. Auch Feedback ist wertvoll. Damit anerkennen Sie positives Verhalten und können Missverständnisse klären. Sie können als Projektteam auch regelmäßige Feedback-Runden bereits zu Beginn vereinbaren. Einige Regeln sollten Sie dabei unbedingt beachten:

Vermitteln Sie bei Konflikten

- Ein Feedback darf nie aufgezwungen werden. Der Empfänger muss bereit sein oder zugestimmt haben, eine Rückmeldung zu erhalten.
- Ein Feedback sollte klären und nicht verletzen oder beleidigen. Wählen Sie eine Form, die Kränkungen vermeidet. Verzichten Sie auf moralische Bewertungen, Verurteilungen, Generalisierungen (alle, keiner, wir ...) und umgehen Sie »man«- und »wir«-Formulierungen. Sprechen Sie in Ich-Botschaften.
- Ein Feedback sollte enthalten, wie der Empfänger die Botschaft verstanden hat, wie er sie gedeutet hat und welche Reaktion bei ihm ausgelöst wurde.
- Beziehen Sie sich möglichst auf konkrete Einzelheiten einer Situation, und überprüfen Sie Ihre Beobachtungen vorher gründlich.
- Formulieren Sie aber auch Ihre Anerkennung und bestätigen Sie positive Verhaltensweisen.

Wenn Sie Feedback erhalten, dann gilt während des Feedback-Nehmens:

- ▶ Argumentieren Sie nicht.
- ▶ Rechtfertigen Sie sich nicht.
- ▶ Hören Sie nur zu.
- ▶ Fragen Sie nach, wenn etwas unklar ist.

Am Ende können Sie Ihre Position darstellen, aber lassen Sie es einfach auch mal wirken. Mit Ihrem Beitrag können Missverständnisse noch ausgeräumt werden.

Grundsätzlich finden Feedback-Gespräche zwischen zwei Personen statt. Der Blickkontakt und die persönliche Ansprache sind hierbei ganz wichtig. Achten Sie daher bei den Runden auf die Trennung der einzelnen Feedbacks.

Bei Auswahl und Ausstattung Ihres Besprechungszimmers achten Sie auf helle und freundliche Räume. Sorgen Sie bei Sitzungen, die länger als eine Stunde dauern, für eine Auswahl an heißen und kalten Getränken, je nach Tageszeit können Sie auch Gebäck anbieten. Bitten Sie darum, im Sitzungszimmer nicht zu rauchen. Die Leistungsfähigkeit sinkt durch die Luftqualität.

Auf den Punkt

Meiden Sie bei der Kommunikation mit Ihren Teammitgliedern Umgangsformen, die negative Reaktionen auslösen. Machen Sie klare Aussagen. Geben Sie Feedback, ein wichtiges Instrument für Lob und Kritik. Entscheiden Sie gemeinsam, ob Sie regelmäßig Feedback-Runden abhalten.

Konfliktlösung

In jedem Team kommt es manchmal zu Streitigkeiten. Als Projektleiter sollten Sie dann eine gezielte Lösung des Konflikts anstreben beziehungsweise den Konflikt optimal handhaben, sofern dieser nicht lösbar ist. Unterscheiden Sie dabei zwischen dem Konfliktpotenzial, also dem Auslöser, dem Konfliktverlauf und den Folgen des Konfliktes. Konfliktpotenziale entstehen auf verschiedenen Ebenen:

Streben Sie eine Lösung des Konfliktes an

- ▶ bei Zielen: realistische Ziele, Teamziele versus Individualziele, Akzeptanz der Ziele,
- ▶ bei der Projektorganisation: Konflikt zwischen Linien- und Projektorganisation, unklare Rollendefinitionen, Kompetenzstreitigkeiten, keine Unterstützung durch das Management,
- ▶ im Team: Die Teammitglieder lehnen sich gegenseitig ab, haben sehr unterschiedliche Vorstellungen über Werte und Regeln, bringen sehr verschiedene Leistungen ein,
- ▶ auf der Führungsebene: wenn der Projektleiter zu autoritär agiert.

Aus Erfahrung wissen Sie sicher auch, dass es nie reine Sach- oder Beziehungskonflikte gibt, sondern stets eine Mischung. Ungelöste Sachkonflikte führen sehr oft zu einem Beziehungskonflikt oder umgekehrt.

Sprechen Sie dieses heikle Thema bereits zu Projektbeginn an. So werden die einzelnen Teammitglieder Meinungsverschiedenheiten thematisieren, noch bevor es überhaupt zu Streitigkeiten kommt.

Veranschaulichen Sie im Start-Workshop oder in einer gemeinsamen Sitzung potenzielle Konfliktherde auf einer Flip-Chart-Tafel. Anschließend erarbeiten Sie in einer Diskussionsrunde Werte und Regeln, wie diese Probleme behandelt werden sollen.

Sehen Sie Konflikte nicht einseitig negativ. Die führen zwar zu Störungen im Ablauf, helfen aber andererseits, latente Spannungen abzubauen und neue Energie zu erzeugen. Erstellen Sie gemeinsam eine Liste mit negativen und positiven Aspekten von Konflikten. Es geht dabei nicht so sehr um Vollständigkeit als vielmehr um eine Sensibilisierung Ihres Teams.

Es mag hilfreich sein, verschiedene Konfliktarten zu unterscheiden:

▶ Zielkonflikte ergeben sich zum Beispiel durch miteinander konkurrierende Zielvorstellungen unter den einzelnen Teammitgliedern. Oder die persönlichen Ziele eines Mitarbeiters stimmen nicht mit generellen Zielen des Projekts überein.

▶ Zu Beurteilungs- und Wahrnehmungskonflikten kommt es aufgrund mangelnder Information, unterschiedlichem Kenntnisstand oder differierenden Vorstellungen, zum Beispiel wie das Projektziel erreicht werden kann.

▶ Verteilungskonflikte kann es geben, wenn Ressourcen (materielle oder immaterielle wie die Anerkennung durch den Projektleiter) als ungerecht verteilt empfunden werden.

▶ Rollenkonflikte entstehen, wenn sich unvereinbare Erwartungen an eine Rolle richten oder wenn zu viele Rollen gleichzeitig übernommen wurden.

▶ Beziehungskonflikte können auf Verstimmungen und Antipathien zurückgehen oder aufgrund von unterschiedlichen Werten oder Verhaltensmustern entstehen.

Thematisieren Sie Meinungsunterschiede

Jeder reagiert anders auf Konflikte. Manche neigen zur Flucht, andere zum Kampf. Sie können einen Konflikt verdrängen, verleugnen oder auf die lange Bank schieben. Sie können sich natürlich auch nach Abwägen von allem Für und Wider zurückziehen. Auch Unterwerfung und Durchsetzung sind ein möglicher Ausdruck. Dazu gehören: Auf den Gegner Druck ausüben, überzeugen, überreden, nachgeben, bestechen, sich unterwerfen oder manipulieren. Konflikte können nach oben delegiert werden (in der Praxis spricht man häufig davon, etwas »nach oben zu eskalieren«) oder die Konfliktparteien kommen sich mit Abstrichen beider Seiten entgegen. Achten Sie hier auf faule Kompromisse. Die kooperative Strategie setzt beim Konfliktpotenzial an und hilft, es als Problem für beide Seiten zu begreifen.

Denken Sie kurz über Ihr eigenes Konfliktverhalten nach! Zu welcher der oben angeführten Strategien neigen Sie? Sind Sie mit Ihrem Verhalten bei Konflikten einverstanden? Den folgenden Leitfaden können Sie für eine vertiefende Betrachtung verwenden. Voraussetzung ist, dass beide Parteien tatsächlich den Konflikt lösen wollen.

Konfliktleitfaden

Name	Geben Sie dem Konflikt einen Namen: zum Beispiel Zeitsparer oder Grabenkampf
Ist-Zustand	Darstellung der gegenseitigen Erwartungen, Erwartungs-Erwartungen und unterschiedliche Interessen
Soll-Zustand	Was sollte morgen sein? Was wünschen Sie sich vom anderen? Was wünscht sich der »Andere« von Ihnen?
Widerstände	Darstellung der Widerstände von beiden Seiten!
Abgleich von Erwartungen und Wünschen	Vergleichen Sie Ihre Erwartungen mit Ihren Wünschen
Lösungsansätze	Nun können Sie mögliche Lösungsansätze überlegen, die die Interessen beider Parteien berücksichtigen.
Entscheidung für eine Lösung	Entscheiden Sie sich für ein bis zwei Lösungen, die Sie umsetzen wollen.
Umsetzung/ Maßnahmen	Wer macht was wozu? Wie wird es gemacht? Wann werden wir es umsetzen und abschließen?

Setzen Sie sich bei der Moderation als Ziel, den Prozess zu verlangsamen. Lassen Sie außerdem die Konfliktpartner jeweils die Sichtweise des anderen wiedergeben. So können sich Konfliktgespräche als erfahrungsreich erweisen.

Auf den Punkt

Schon bei Projektbeginn empfiehlt es sich, in Zusammenarbeit mit Ihrem Team mögliche Konfliktpotenziale zu klären und sich auf einen für alle stimmigen Umgang zu einigen. Thematisieren Sie auch die positiven Seiten!

Für das nächste Mal

Für die erfolgreiche Realisierung eines Projekts ist das Controlling das A und O. Legen Sie gemeinsam mit Ihren Teammitgliedern das Was und Wie des Controllings fest. Achten Sie besonders auf die Kontinuität der eingesetzten Mittel. Eignen Sie sich in den nächsten Monaten Wissen zu den Themen Führung, Kommunikatation und Konfliktmanagement an. Es sind erfolgswirksame Themen in der Projektarbeit.

Streitigkeiten können auch produktiv sein

Projekt-
abschluss

Herzlichen Glückwunsch: Sie haben es geschafft! Der Projektabschluss ist ein im Vorfeld geplanter Akt mit besonderen Inhalten:

- ▶ die vereinbarte Produktabnahme,
- ▶ die inhaltlichen Restarbeiten,
- ▶ die Projektbewertung,
- ▶ die Abschlussdokumentation,
- ▶ die Auflösung der Projektorganisation,
- ▶ die Auflösung der Beziehungen zu den relevanten Umwelten (in Verbindung mit dem Marketing des Abschlusses),
- ▶ die Sicherstellung des Know-how-Transfers,
- ▶ die Anerkennung der Arbeit im Team.

Stellen Sie bei der Planung der Abschluss- und Nachprojektphase die Inhalte in die Verantwortung verschiedener Mitarbeiter.

Abnahme Ihrer Leistung

Das konkrete Abnahmeverfahren des Produktes oder Ihrer Dienstleistung richtet sich nach der Art des Projekts und nach den Wünschen des Auftraggebers.

Wichtig ist, dass die Übergabe mit einem Abnahmeprotokoll nach Prüfung durch den Auftraggeber dokumentiert wird. Jede Abnahme oder Übergabe erfordert eine korrekte Dokumentation mit

Protokollen, in denen die Beschreibung der Ergebnisse, die Prüfung durch den Auftraggeber und eventuelle Nachforderungen aufgeführt sind. Unterzeichnet wird das Schriftstück durch den Projektleiter und den Auftraggeber.

Auch Garantiebestimmungen sind Teil der Abschlussphase. Sorgen Sie dafür, dass dem Kunden für die Haftungszeit ein fester Ansprechpartner zur Verfügung steht. Bilden Sie im Bedarfsfalle ein so genanntes Garantieteam, das eventuelle Mängel umgehend behebt. Stellen Sie als Projektleiter für dieses Team alle notwendigen Unterlagen und Dokumente bereit.

Teil einer erfolgreichen Projektarbeit ist der Abschlussbericht. Er sollte diese Inhalte umfassen:

Dokumentieren Sie die Übergabe des Projektes

▶ Projektziele: ursprüngliche Ziele, Zieländerungen, Bewertung der Zielerreichung und Angaben zu den Zielabweichungen,
▶ Termine: Ist-Ende, Soll-Ende, Abweichung, Kosten (Ist-Kosten, Soll-Kosten, Abweichung), Ressourcen (Ist-Aufwand, Soll-Aufwand, Abweichung),
▶ Produkte beziehungsweise Leistungen und deren Abnahme,
▶ Nachprojektphase und deren Gestaltung,
▶ Rahmenbedingungen,
▶ Beurteilung des Ablaufes: Was ist gut gelaufen?, Was hat nicht so gut funktioniert?,
▶ interne und externe Störfaktoren,
▶ Ergebnisse der Nachkalkulation,
▶ Bewertung der Teamarbeit,
▶ Bewertung der Zusammenarbeit mit externen Mitarbeitern.

Für die Bewertung können Sie sich beispielsweise an früheren Projektbeurteilungen, Beurteilungen der Effektivität des Teams oder Analysen zur Kundenzufriedenheit orientieren. Am besten bewerten Sie das Projekt gemeinsam im Team. Dazu eignen sich so genannte Close-down-Meetings, bei denen sich alle zentralen Projektbeteiligten noch einmal treffen. Als Projektleiter sollten Sie auch diese Veranstaltung moderieren. Bei der abschließenden Auflösung der Gruppe ist großes Fingerspitzengefühl gefragt. Stellen Sie sich vor, Sie waren drei Jahre in einem Team und haben engagiert mitgearbeitet. Zum Abschluss sendet Ihnen der Auftraggeber ein lobendes Fax, und der Projektleiter meldet sich gar nicht. Das soll der ganze Dank für Ihren dreijährigen Einsatz gewesen sein?

Veranstalten Sie also nach dem endgültigen Abschluss ein Fest, bei dem alle den gemeinsamen Erfolg feiern!

Für das nächste Mal

Arbeiten Sie Standards für das Abschlussverfahren aus, die Sie dann bei Ihrer zukünftigen Arbeit flexibel einsetzen können. Das spart auf lange Sicht Zeit!

Legen Sie Umfang und Inhalt der Abschlussphase bereits zu Beginn des Auftrags fest (etwa Abnahme des Produktes oder Garantiebestimmungen). Die detaillierte Planung nehmen Sie dann zeitnah zum Projektende vor.

Wenn Sie nur einen halben Tag Zeit haben

Heute Morgen haben Sie einen neuen Auftrag zugeteilt bekommen. Glückwunsch! Die Sache hat einen Haken? Schon am Nachmittag will der Chef Sie dem Auftraggeber als Projektleiter präsentieren? Darauf sind Sie nicht vorbereitet? Ihrem Vorgesetzten klar zu machen, dass Sie mehr Zeit für eine gründliche Einarbeitung benötigen, ist vermutlich sinnlos. Entspannen Sie sich also erst einmal fünf Minuten! Ein halber Tag ist genau betrachtet eigentlich gar nicht so schlecht – meinen Sie nicht? Die Ihnen verbleibende Zeit könnte noch knapper sein! Denken Sie nicht ständig daran, wie schön es wäre, einen ganzen Tag Zeit zu haben. Blicken Sie den Tatsachen ins Auge!

▶ Lesen Sie das Kapitel »Projektstart« und »Projektstart-Workshop«. Wenn Sie zügig vorankommen, dann arbeiten Sie sich noch in die »Grundlagen des Projektmanagements« ein und fügen eventuell noch »Das Projektteam« hinzu. Nehmen Sie sich hierfür 70 Minuten Zeit.
▶ Notieren Sie alle Informationen über das aktuelle Projekt. Orientieren Sie sich dazu am Kapitel »Projektstart«, das Sie gerade gelesen haben. Es geht hier wirklich nur um die Auf-

Veranstalten Sie ein Abschlussfest

zeichnung Ihres Wissens. Lassen Sie sich hierfür 50 Minuten Zeit.
- ▶ Legen Sie die Ziele für das Projekt fest. Schlagen Sie wenn nötig im Kapitel »Projektziele« nach. Lassen Sie sich hier 45 Minuten Zeit.
- ▶ Notieren Sie alle Fragen, die Sie am Nachmittag stellen wollen. Kennzeichnen Sie Fragen, die sich alleine an Ihren Chef richten, mit C und die Fragen für Ihren Auftraggeber und die anderen Teilnehmer der Meetingrunde mit A. Nehmen Sie sich hierfür 45 Minuten Zeit.
- ▶ Planen Sie Ihren Auftritt. Sie können beispielsweise mit der Vorstellung Ihres derzeitigen Wissensstandes beginnen, dann über Ihre Sicht der Projektergebnisse sprechen und mit den offenen Fragen an die Gesprächspartner Ihren Einstieg beenden. Dies sollte in 30 Minuten machbar sein.

Na also, ging doch! Entspannen Sie sich noch einmal kurz, und essen Sie etwas Leichtes. Guten Appetit und viel Erfolg am Nachmittag!

Wenn Sie nur eine Stunde Zeit haben

Sie haben soeben einen Projektauftrag erhalten und sollen in einer Stunde schon dazu Stellung nehmen? Der Auftraggeber wird bei diesem Erstgespräch auch anwesend sein – also gilt es, gut vorbereitet zu sein. »Bereiten Sie doch eine kleine Einführung vor«, meint Ihr Vorgesetzter noch zu Ihnen. »Was nun?«, fragen Sie sich. »Eine Stunde Vorbereitungszeit, das ist wirklich unmöglich!« Aber nichts ist unmöglich, wenn man sich auf das Wichtigste konzentriert. Und eines ist sicher: Zeit für Selbstmitleid bleibt Ihnen im Moment wahrlich nicht! Also los:

Schritt für Schritt zum Erfolg

- ▶ Lesen Sie die Kapitel »Projektstart« und »Projektstart-Workshop«. Nehmen Sie sich hierfür 20 Minuten Zeit.
- ▶ Notieren Sie Ihren aktuellen Informationsstand und schreiben Sie alles auf, was Sie über das Projekt wissen. Nehmen Sie sich hierfür zehn Minuten Zeit.
- ▶ Halten Sie Ziele fest. Beantworten Sie die Fragen: Wozu, Was, Wie, Wann, Wie viel, Wer, soweit Ihnen das mit Ihnen vorliegenden Projektinformationen möglich ist. Lassen Sie sich hierfür zehn Minuten Zeit.

▶ Notieren Sie alle offenen Fragen. Nehmen Sie sich hierfür zehn Minuten Zeit.
▶ Bereiten Sie Ihren Auftritt vor. Entscheiden Sie, mit welchem Themenbereich Sie einsteigen und wie Sie enden wollen! Lassen Sie sich zehn Minuten Zeit.

So, die Zeit ist um. Eigentlich kann nichts mehr schief gehen. Wenn Sie sich jetzt Ihre Nervosität nicht anmerken lassen, haben Sie schon gewonnen. Also, Kopf hoch, Rücken gerade und immer lächeln. Viel Erfolg!

Quellen

BWI der ETH-Zürich. Projekt-Management. Verlag Industrielle Organisation, 1999.

Deutsche Gesellschaft für Projektmanagement. Projektmanagement Fachmann Bd. 1 + 2. RKW Verlag, 2001.

Gareis, Roland. Lehrgangsunterlagen Universitätslehrgang Internationales Projektmanagement. Wirtschaftsuniversität Wien, 1997.

Mayrshofer, Daniela; Kröger, Hubertus A. Prozesskompetenz in der Projektarbeit. Windmühle GmbH Verlag, 1999.

Patzak, G.; Rattay, G. Projektmanagement. Linde Verlag, 1998.

PMBOK Guide. A Guide to the Project Management Body of Knowledge. Project Management Institute, 2000.

Belbin, R. Meredith. Managementteams. Bergander, 1996.

Bennis, Warren; Biedermann Ward, Patricia. Geniale Teams. Campus, 1997.

DeMarco, Tom. Wien erwartet Dich. Hanser, 1999.

Drucker, Peter F. Die Praxis des Managements. Econ, 1998.

Glasl, Friedrich. Konfliktmanagement. Freies Geistesleben, 1993.

Gomez, Peter; Probst, Gilbert. Die Praxis des ganzheitlichen Problemlösens. Paul Haupt, 1999.

Katzenbach, Jon R.; Smith, Douglas, K. Teams. Ueberreuter, 1993.

Die Deutsche Bibliothek – CIP-Einheitsaufnahme

Ein Titeldatensatz für diese Publikation ist bei
Der Deutschen Bibliothek erhältlich.

ISBN 3-8272-7065-0

Deutsche Erstausgabe

© 2002 by Financial Times Prentice Hall
Pearson Education Deutschland GmbH
Martin-Kollar-Straße 10–12
D-81829 München
www.ftmanagement.de

Redaktion: twinbooks, München
Lektorat: Kerrin Hintz, khintz@pearson.de
Endabnahme: Catherine Magdolen,
cmagdolen@pearson.de
Herstellung: Ulrike Hempel, uhempel@pearson.de
Satz: CN Satzstudio, Aichach
Einbandgestaltung: Jarzina Kommunikations-
Design, Köln (Thomas Jarzina)
Druck und Verarbeitung: Kösel, Kempten
www.koeselbuch.de
Printed in Germany

Alle Rechte vorbehalten, auch die der
fotomechanischen Wiedergabe und
der Speicherung in elektronischen Medien